¿Qué es ISIS?

¿QUÉ ES ISIS?
Ensayos para comprender el terrorismo actual

Éric Fottorino, editor

Traducción del francés
Maria Valeria Di Battista

 PAIDÓS

Diseño de portada: José Luis Maldonado López
Diseño de interiores: Pulso.inc

Título original: *Qui est DAECH? Comprendre le nouveau terrorisme*
Publicado por primera vez en Francia por Éditions Phillipe Rey.

Traducción: María Valeria Di Battista

© 2015, Le 1

Publicada mediante acuerdo con Éditions Phillipe Rey y Le 1
y conjuntamente con su agente L'Autre agence, París, Francia.

Derechos mundiales exclusivos en español

© 2016, Ediciones Culturales Paidós, S.A. de C.V.
Bajo el sello editorial PAIDÓS M.R.
Avenida Presidente Masarik núm. 111, Piso 2
Colonia Polanco V Sección
Delegación Miguel Hidalgo
C.P. 11560, Ciudad de México
www.planetadelibros.com.mx
www.paidos.com.mx

Primera edición: noviembre 2016
ISBN: 978-607-747-277-3

Impreso en los talleres de Litográfica Ingramex, S.A. de C.V.
Centeno núm. 162-1, colonia Granjas Esmeralda, Ciudad de México
Impreso y hecho en México – *Printed and made in Mexico*

Introducción

Éric Fottorino

Al terminar como comenzó, en un baño de sangre y terror, 2015 quedará marcado por la irrupción en Francia de una guerra que creíamos lejana. Una guerra declarada por un nebuloso combatiente autoproclamado Estado Islámico, conocido bajo el nombre de Daesh.* Una guerra sin rostro, excepto

---

* Daesh, acrónimo de Al-Dawla al-Islâmiyya fi al-'Irâq wa-l-Shâm, en español significa Estado Islámico de Irak y el Levante (EIIL). El empleo generalizado de Daesh entre los medios y los políticos europeos se dio luego de los atentados de París 2015, cuando el Gobierno francés hizo un llamado a que esta designación se usara como arma lingüística, por la afinidad fonética que tiene con los términos Daes, 'el que pisotea', Dahes, 'criminal', Dahesh, 'contrabandista'. El rechazo del grupo yihadista a esta designación es tal que ha amenazado con cortar la lengua a quienes lo empleen. Si bien se ha hablado de que la sigla ISIS implica cierto reconocimiento a la legitimidad del presunto Estado Islámico, hemos decidido conservar esta sigla en el título por su amplia difusión en nuestro país. [N. de la E.].

el de los terroristas, que vienen a sembrar la muerte en París antes de sucumbir a su vez en nombre de Alá. Los títulos de nuestro semanario *Le 1* en ese período traducen la estupefacción, la gravedad, las ganas de vivir a pesar de todo lo que nos marcaron a cada uno de nosotros. Desde el "No mataron a Charlie" de enero hasta el "Resistir al terror" de noviembre, nunca hemos dejado de cuestionar esta realidad dolorosa y compleja del terrorismo yihadista, que pretende valerse del islam para justificar los crímenes más cobardes, los más atroces. Esta obra es el reflejo fiel de nuestro enfoque pluridisciplinario: abrir nuestro espíritu cruzando las perspectivas de escritores y de expertos en el tema, historiadores, filósofos, especialistas en geopolítica, en el islam y en el Medio Oriente.

Los textos escogidos no aparecen en orden cronológico, sino siguiendo una alternancia de contenidos que van desde el análisis hasta el reportaje, pasando por la crónica y la entrevista. Leer estos aportes es identificar lo más claramente posible el fenómeno Daesh. Dos movimientos se cruzan y chocan entre sí. Uno, disidente de Al-Qaeda, nació en el caldo de cultivo de las guerras de los Estados Unidos en Irak y del sentimiento de abandono de la población suní. Muestra a hombres decididos detrás de su líder, Abou Bakr al-Baghdadi. Su sueño: hacer que renazca a cualquier precio el antiguo califato del siglo VIII. El otro movimiento surge de la atracción que ejerce Daesh en jóvenes del mundo entero (y en particular de Europa), que han pasado o no por la cárcel, a menudo neoconvertidos a lo que creen que es el islam. Estos encuentran en la causa del supuesto califa una razón para vivir que es sobre todo una razón para morir.

Este retrato a varias voces de Daesh muestra cómo el "terrorismo 3G o de la tercera generación", según la fórmula de Gilles Kepel, es una mezcla de creencias arcaicas que se remontan a la leyenda del Profeta y de tecnologías –las redes sociales– utilizadas como soporte de propaganda y de alienación. "Estado" sin fronteras, Daesh no se fija límites. A través de todos estos textos y de un dossier esencial y pedagógico, compuesto de mapas, cronología, cifras clave y léxico, depositamos nuestra confianza en la inteligencia colectiva para combatir la ansiedad que acompaña a lo desconocido. Sobre todo si lo desconocido no tiene otro horizonte que la negación de lo humano.

París, 22 de noviembre de 2015

Tratemos de comprender

Edgar Morin, filósofo y sociólogo

Antes que nada, comprender las condiciones propiamente francesas que han llevado a los jóvenes franceses al fanatismo de la Yihad.

Hay condiciones de vida en los suburbios donde están concentrados los grupos poblacionales de origen árabo-musulmán. Estas condiciones son las de una guetización creciente.

Allí se forman bandas de adolescentes que, como a todos los adolescentes, les gusta transgredir. Las bandas se convierten en pandillas cuando las familias se quiebran y el desempleo cunde. En una parte de los adolescentes, las pandillas viven de la economía del robo y de la droga y caen en la delincuencia. Algo que también existe en las favelas brasileñas o en las villas-miseria colombianas.

Pero hay una diferencia entre Francia y esos países donde los delincuentes son de origen local. En Francia los delincuentes con frecuencia son descendientes de inmigrantes.

Los controles policiales por *facies* son brutales. Los atropellos recurrentes llevan a los jóvenes a combatir a la policía a pedradas y a incendiar coches.

Un círculo vicioso alimenta el rechazo y la agresividad contra esos jóvenes, lo cual favorece el repliegue en el gueto, el encerrarse en las solidaridades de origen. Todo esto fortalece el círculo causal donde las hostilidades se retroalimentan unas a otras, alzando toda clase de barreras para la integración.

Una pequeña proporción de los adolescentes se hunde en la delincuencia; otros encuentran trabajo, protección, amistad y amor salvadores. Pero todos sufren y sienten el rechazo.

Los rechazados rechazan a quienes los rechazan. Una parte de estos jóvenes no se sienten franceses sino apátridas. Algunos de ellos, ya delincuentes, conocen en la cárcel a mentores que les inculcan el islam en una versión fanática. La prisión, escuela del crimen para unos, se convierte en escuela de salvación para otros. Es para ellos el camino de la redención y la verdad. No se puede ser un verdadero francés; pero sí es posible convertirse en un verdadero musulmán. Han hallado el camino del bien y de la verdad. Al mismo tiempo, el camino de la lucha por el bien puede llegar hasta el martirio, que es en sí mismo el camino del paraíso.

Para los jóvenes de ascendencia magrebí, el peso de la colonización que han padecido sus ascendientes no ha desaparecido. Lograr la independencia fue esencial para elevar a los colonizados al nivel de sus colonizadores. Pero eso es válido en el Magreb, y no en Francia, donde el inmigrante y sus descendientes primero no son argelinos, marroquíes o tunecinos, sino árabes o musulmanes. Por otra parte, todos los árabo-musulmanes viven en carne propia el doble rasero que no solo padecen los individuos en Francia para encontrar un trabajo o una vivienda, sino también las naciones árabo-musulmanas en el mundo. La tragedia palestino-israelí les demuestra que el mundo occidental da prioridad al Israel colonizador en detrimento de la Palestina colonizada. Por lo demás, esta tragedia ha penetrado en Francia con los atentados contra las sinagogas, las profanaciones de mezquitas, las profanaciones de tumbas judías y musulmanas, los insultos antijudíos y antiárabes. Pero Israel es alabado por su democracia y jamás culpado por su colonialismo.

La mayoría de los árabo-musulmanes sufren todas las humillaciones padecidas por el mundo árabe. Ven en las guerras de los Estados Unidos en Afganistán y en Irak intervenciones imperialistas contra naciones árabes. Por su parte, los fanatizados rumian el odio hacia los occidentales, los cristianos, los judíos.

Los atentados del 11 de septiembre de 2001 muestran a los fanáticos que es posible luchar contra "el Gran Satán", el que mueve a los eternos cruzados, mientras que por su lado los Estados Unidos y Occidente se autoproclaman el eje del bien y declaran la guerra al eje del mal. Occidente denuncia con horror el terrorismo ciego que mata a civiles, mujeres y niños, sin preocuparse de que en el mundo árabo-musulmán se denuncien con horror los bombardeos ciegos que matan a civiles, mujeres y niños, los asesinatos-blanco mediante drones y otros medios.

La idea de la Yihad, del martirio, se apodera de mentes juveniles luego de muchos vagabundeos y fracasos. Khaled Kelkal[*] (1995) y Mohamed Me-

---

[*] Terrorista asesinado en Francia en 1995 durante un tiroteo con la policía. [Salvo que se indique lo contrario, todas son notas de la traductora].

rah (2012), como muchos jóvenes *Beur** nacidos en Francia, oscilaron entre la integración, la delincuencia y el yihadismo. Después de las guerras civiles que siguieron a la Primavera Árabe en Irak, Siria, Yemen, pacífica en su origen, se despliegan en esos países muchos yihadistas que, en Siria y en Irak, pelean para instituir un califato regido por la *shariah* más rígida.

Así como la Guerra civil española atrajo a revolucionarios y a demócratas de múltiples países para luchar junto a los republicanos, Al-Qaeda y Daesh en el Medio Oriente atraen a jóvenes fanatizados de los propios países occidentales, entre los que se encuentra Francia. La intervención militar francesa lleva a Daesh y a Al-Qaeda a trasplantar su guerra en Francia, y los jóvenes franceses musulmanes aguerridos en ella regresan a Francia para llevar adelante la Yihad y cumplir el martirio.

Así, la guerra del Medio Oriente entró en Francia el 7 de enero de 2015.

....

*   Moro, árabe. Mote familiar que se emplea para designar a los jóvenes magrebíes nacidos en Francia de padres inmigrantes, o a quienes se parecen a ellos por el color de piel.

Ahora bien: la intervención de los Estados Unidos y de sus seguidores, entre ellos Francia, es tan impotente, ciega e ilusoria como lo fueron todas las intervenciones estadounidenses anteriores.

Impotencia. Los cabecillas de la coalición anti Daesh declararon previamente que no intervendrían enviando tropas en tierra, sino solo mediante ataques aéreos. Las tropas de los países árabes anti Daesh son débiles y están divididas. La coalición incluye a Arabia Saudita, cuyo régimen se asemeja al que Daesh sueña con instaurar. Esta guerra incluye aspectos que parecerían grotescos si no fueran trágicos: Occidente combate el régimen de Assad, pero es su aliado contra Daesh y cuenta con sus servicios de inteligencia. Occidente es hostil a Irán, pero es su aliado objetivo, puesto que Irán apoya militarmente al poder shi'ita e iraquí. Turquía es más hostil a los kurdos de Siria, hermanos de los kurdos de Turquía, que a Daesh.

Enceguecimiento. El intervencionismo occidental acentúa la descomposición de las naciones de Medio Oriente, la que en gran parte ha provocado. La segunda guerra de Irak generó una desintegración irremediable de esta nación. La guerra a la vez civil e internacional en Siria provoca la descomposición de este país de manera no menos irreversible. Libia se halla en un estado caótico como consecuencia de la intervención francesa. La frágil unidad de estas naciones multiculturales y multirreligiosas recientes, creadas de manera artificial por Occidente sobre las ruinas del Imperio otomano, se encuentra destruida. Varios dictadores inmundos han sido liquidados, pero se habrían muerto tarde o temprano, mientras que naciones enteras están siendo golpeadas mortalmente. Los horrores de las guerras civiles mantenidas internacionalmente suceden al horror de las dictaduras despiadadas.

Ilusión. El objetivo de los occidentales en Medio Oriente es la restauración de los estados-nación ya disgregados. Mientras existe un único y verdadero objetivo de guerra que se debe oponer al califato de Daesh, es la confederación de Medio Oriente, con la imagen amplificada de un Líbano, la que respetaría la autonomía y la libertad de las etnias y de las religiones que se han implantado en él: entre ellas, el cristianismo.

Llega el momento en que un conflicto se pudre. El conflicto en Medio Oriente se pudre en su mezcla de guerras civiles, de guerras de religión y de guerra internacionalizada por la intervención de múltiples potencias.

Si no hay recuperación y cambio de trayectoria, todo se agravará, incluso en Francia.

La respuesta no está en las polémicas lapidarias. Está en la introducción en el núcleo de la cultura francesa, y primero que nada en la escuela, de una cultura histórica. No basta con recordar la tolerancia religiosa para los cristianos y judíos en los antiguos califatos y en el Imperio otomano. No basta con señalar el papel fecundo de la cultura árabe para la cultura europea. Hay que recordar lo que fue el catolicismo durante siglos. Hay que mostrar que Francia se formó históricamente como nación multicultural integrando y provincializando a pueblos muy diferentes entre sí (alsacianos, bretones, vascos…). Hay que recordar también que el *terrorismo* no es un invento islámico en Europa. Las Brigadas Rojas y las Brigadas Negras en Italia, así como la Banda de Baader en Alemania, cometieron atentados delirantes y monstruosos. Por más distintos e incluso enemigos que sean unos de otros, los *terroristas* son semejantes por el mundo cerrado, demente, alucinado en el que viven, mundo del cual también pueden salir, como lo hicieron exmiembros de las Brigadas Rojas, que redescubrieron el mundo exterior al cual se habían cerrado.

Edgar Morin

Se nos impone una gran, pesada, pero necesaria tarea de regeneración del pensamiento, que necesariamente incluye una regeneración del pensamiento político. Incluso sin esperanza, es vital emprenderla, y emprenderla haría nacer la esperanza –una esperanza frágil, por cierto, pero una esperanza al fin.

21 de enero de 2015

El califato
salvaje

Tahar Ben Jelloun, novelista, poeta
y ensayista

El Estado Islámico yihadista del siniestro auto-proclamado califa Abu Bakr al-Baghdadi tiene su historia. Para simplificar, fijemos su origen el 29 de agosto de 1966, día en que el presidente egipcio Nasser hizo colgar a Sayyid Qutb, líder del movimiento de los Hermanos Musulmanes. Un mártir. En ese entonces, el islam aún no era utilizado como arma de guerra. Sus valores se contraponían con los del progresismo marxizante y sobre todo totalitario. Siria e Irak seguían la ideología baatista, que era vagamente socialista y totalmente laica. Pero ningún Estado árabe era democrático. El poder se heredaba de padre a hijo o bien alguien se apoderaba de él usando la violencia de los golpes de Estado.

La segunda fecha importante es el nacimiento de la República Islámica de Irán con la llegada del ayatola Jomeini, quien proclamó en 1978 que "el islam es político o no es". Al mismo tiempo, muchos afganos expulsaban a los ocupantes soviéticos en nombre del islam. Conocemos el final del cuento. Intervención de los Estados Unidos y surgimiento de los talibanes, precursores en la barbarie. El súmmum fue la destrucción del arte grecobudista en 1998 y luego el dinamitado de la estatua del Gran Buda en el valle de Bāmiyān en marzo de 2001.

Desde finales de los setenta, las nociones de *yihad* y de *república islámica* se imponen en las luchas y avanzan hasta contaminar la revolución palestina, que no usaba la religión (y mucho menos el islam) como ideología de combate. Para aislar a Yasser Arafat, Ariel Sharon alienta discretamente la creación de Hamas. Shi'itas y sunnitas enfrentan a El Líbano, donde el Hezbollah, que es muy activo, está armado y financiado por Irán a través de su aliado sirio presente en suelo libanés. Hoy ese movimiento colabora con Bashar al-Assad contra los rebeldes laicos y demócratas. Al mismo tiempo se habría gestado un acuerdo entre Al-Assad y los líderes de los yihadistas, a quienes les perdona la vida en sus bombardeos.

Así, es la ausencia de una verdadera democracia en el mundo árabe y musulmán, es el autoritarismo de jefes ilegítimos, es la acumulación de injusticias sociales doblemente corruptas y arbitrarias lo que va a conjugarse para dar origen a aberraciones como el "Estado" Islámico. Pero sin la invasión de Irak por el ejército estadounidense en marzo de 2003 este país no se habría convertido en este campo de ruinas, plataforma del terrorismo internacional.

La violencia de Al-Baghdadi y sus secuaces ¿está contenida en el islam? Si bien predica la paz y la tolerancia, y cultiva valores humanistas, el islam también habla de Yihad, de lucha contra los infieles, de apostasía. Pero el islam nunca predicó el suicidio con miras a provocar masacres; el islam nunca dijo que había que tomar rehenes y decapitarlos. Tampoco promovió nunca la ignorancia con el fin de extraviar las mentes débiles o malévolas. ¡Cuántos crímenes cometidos en nombre del islam!

En la cabeza de Al-Baghdadi y de sus semejantes, la lucha contra Occidente es inevitable. Queda por saber quién financia, quién arma a este Estado sanguinario. No olvidemos que ciertos estados del Golfo brindaron su ayuda de manera oficiosa a ciertos movimientos. Solo tardíamente Arabia Saudita condenó de manera oficial a este "califato" salvaje.

24 de septiembre de 2014

Un islam sin raíces ni cultura

Olivier Roy, politólogo

Se trata ante todo de una deriva. Deriva de jóvenes a menudo provenientes, pero no siempre, de las zonas grises y frágiles de la sociedad: segunda generación de inmigrantes, en precariedad social, con carencias, que han probado la delincuencia menor. Pero la deriva puede ser más personal, más psicológica, y estar menos ligada al medio social, como lo vemos en los convertidos (que representan 22% de los jóvenes franceses que se unen a la Yihad en Siria). No es una parte de la población francesa musulmana la que se vuelca hacia la Yihad y el terrorismo; es un conjunto de individuos, de solitarios, que se resocializan en el marco de una pequeña banda o de un pequeño grupo, a los que consideran como la vanguardia de una comunidad musulmana, la cual no tiene para ellos ninguna realidad social concreta, sino que depende del imaginario: ninguno se había insertado en una sociedad de masas, ya sea religiosa, política o asociativa. Eran correctos pero invisibles: "No lo conozco; solo nos decíamos buen día" es siempre el leitmotiv de los vecinos, sorprendidos y horrorizados. Hablan de todo un poco, confusos: de Afganistán, de Irak, de Chechenia, de los musulmanes masacrados en el mundo, pero ninguno menciona el racismo, la exclusión social o el desempleo, y citan a Palestina solo para llevar la contraria. En suma: hay que desconfiar de una explicación, popular, "de izquierda", según la cual la exclusión social y el conflicto entre Israel y Palestina radicalizan a los jóvenes.

Terroristas o yihadistas, todos se construyen un estatus de guerreros vengadores del Profeta, de la *ummah*, de la mujer musulmana; montan una puesta en escena de sí mismos (videos, cámaras GoPro); no preparan ni su fuga ni un futuro mejor, y mueren en directo en los títulos principales de los noticieros, en un breve espasmo de omnipotencia. Sus nombres están en boca de todos: héroes o bárbaros, no les importa: el efecto de terror y de fama se ha logrado. En este sentido, son el producto perfecto de una cultura nihilista e individualista de la violencia que encontramos en otros sectores de la juventud (en los jóvenes que atacan su propia escuela: el síndrome de Columbine).

Existen muchos rebeldes en busca de una causa, pero la causa que pueden elegir, evidentemente, no es neutra. Un crimen en nombre del islam tiene un impacto diferente al del ametrallamiento en una escuela cometido por un alumno, o al de una sesión de tortura ordenada por un narcomenudista.

Mohamed Merah, los hermanos Kouachi o el "yihadista normando", Maxime Hauchard, se radicalizaron siguiendo una referencia religiosa: la del islam. Esta radicalización es la que se designa con el término *comunitarización*. Se llega a la comunitarización en una deriva colectiva y ya no individual, una deriva que en el fondo sería el caldo de cultivo que llevaría a "eso". En suma: una parte de la población musulmana se replegaría hacia una identidad cultural y religiosa que, a partir de entonces, la convertiría en la quinta columna de una civilización musulmana en crisis.

El "retorno de lo religioso" quebraría así el consenso nacional sobre los valores de la república. La respuesta espontánea de la opinión pública y el discurso explícito de los dirigentes políticos consistieron en poner de relieve un consenso nacional (tolerancia, laicidad, ciudadanía) cuya manifestación el 11 de enero fue una notable "puesta en escena" espontánea y popular.

Podríamos preguntarnos acerca de este consenso nacional, del cual excluimos al Frente Nacional.[*] También podríamos preguntarnos si, a su vez, la *laicidad* no está fabricando algo sagrado que eludiría la libertad de expresión.

Pero volvamos al "retorno de lo religioso" y al comunitarismo. Todo nos muestra que este *religioso* no es un producto importado de una cultura extranjera, sino reconstruido a partir de una desculturalización profunda de las nuevas generaciones. El salafismo, en su expresión más pura, rechaza todas las culturas, empezando por la musulmana y su propia historia. Arabia Saudita acaba de destruir todo lo que queda de los sitios históricos y arqueológicos de La Meca para construir centros comerciales a la estadounidense dedicados al consumismo contemporáneo.

....

[*] El Frente Nacional (Front National o FN) es un partido político francés nacionalista de extrema derecha. Fue fundado en octubre de 1972 y presidido desde ese momento y hasta enero de 2011 por Jean-Marie Le Pen, cuando fue sustituido por su hija, Marine Le Pen .

Hoy, La Meca es Las Vegas más la *shariah*.

Desculturación y ausencia de transmisión llevan a que toda una generación se construya un islam que queda reducido a normas explícitas (la *shariah*) y a eslóganes desconectados de todo contexto social (la Yihad); la *comunidad* no tiene ninguna base sociológica real (instituciones representativas, redes escolares o asociativas): es la puesta en escena de sí misma y, en este sentido, entra en la sociedad del espectáculo. El fanatismo es la religión que no tiene –no aún o ya no–, cultura. Históricamente, tanto el islam como el cristianismo se han "enculturado"; hoy, religión y cultura se separan.

La cuestión no es, entonces, *reformar* el islam sino *culturizar* el islam, insertándolo en la sociedad francesa. Al poner en primer plano una concepción de la laicidad que excluye lo religioso del espacio público, se está contribuyendo a *fanatizar* lo religioso.

21 de enero de 2015

Es hora de asumir nuestro ADN cultural

Régis Debray, filósofo y escritor

¿Qué hacer contra esta violencia?

Como no soy ni político, ni sociólogo, ni todólogo, daré una respuesta simplista y objetiva. Transformar el trauma en vitamina. Hemos vivido un choque, que podemos llamar *de civilizaciones*, no con el islam, sino con el salafismo yihadista, una rama minoritaria que recusa el islam clásico con el apoyo del wahabismo saudita. Habría que hacer de ello un desafío, en el sentido en que lo entendía el historiador inglés Toynbee: *challenge and response*. El choque nos despierta. No hay ninguna razón para que el *choque de civilizaciones* nos aterrorice: es algo muy saludable y a veces hasta salvador. Todas las civilizaciones salen del letargo resistiendo a choques externos. Como la Antigua Grecia ante Persia, los Habsburgo ante los otomanos, los rusos ante los mongoles. Es lo que podemos hacer ante los yihadistas: seguir burlándonos. Y que no nos hagan mella. Dar una nueva vida a nuestra insolente libertad de expresión, a veces cruel, que incluye a Rabelais, a Voltaire y a Courteline. Es hora de alzar la frente y asumir nuestro ADN cultural. No hablo de ira, no hablo de compasión: hablo de orgullo colectivo. No somos como los demás, y es mucho mejor que así sea. Sigamos siendo lo que somos, y honremos la herencia.

No obstante, abstengámonos de una reacción libertaria inconsecuente. La libertad de expresión nunca ha sido incondicional ni absoluta. Está regida por la ley. La ley de 1881 dice: todo ciudadano tiene la libertad de escribir, imprimir, dibujar (el agregado es mío), a menos que deba responder del abuso de esta libertad en los marcos determinados por la ley. Puede haber (y de hecho hay) ultraje, injuria, difamación: todo está previsto en la cuadrícula de los recursos jurídicos. Lo que hay que defender hoy no es tanto la libertad en sentido abstracto como el Estado de derecho. Lo peor sería imitar a Bush.

¿Qué quiere decir con esto?

Comparar lo que ocurrió el 11 de enero de 2015[*] con lo sucedido el 11 de septiembre de 2001 muestra la alienación de lo que hemos dado en llamar *nuestras élites*. ¡Además de la exageración factual, es el contraejemplo mismo! Es lo que ha legalizado la tortura, lo que ha producido cierta cantidad de intervenciones militares absurdas que exacerbaron al yihadismo, dándole una base popular, una legitimidad anticolonial. Que nos pidan que reaccionemos, que Francia reaccione "a la americana" me causa estupefacción. ¿Vamos a inventar un Guantánamo? ¿Vamos a crear una Abu Ghraib? ¿Vamos a convertir el Rumor del 9-3[**] en un gueto? Es una lucha de civilizaciones, sí, pero no vamos a ganarla

....

[*] Asesinato de casi todos los redactores del semanario satírico de caricaturas *Charlie Hebdo* en medio de un juicio sumario reivindicado por el grupo Boko Haram.

[**] El Rumor del 9-3 es una serie de alegatos racistas que aducen que ciertos alcaldes de algunas ciudades de provincia habrían traído a personas originarias del departamento de Seine-Saint-Denis (93), conocido como el 9-3, a cambio de dinero. Se suponía que con estas personas "de color, originarias de Seine-Saint-Denis [...]", aumentaría la delincuencia con riesgo para la población "blanca".

traicionando a nuestra civilización. No cedamos a las reacciones histéricas, emotivas y occidentalistas.

¿Qué estamos pagando?

En Francia, muchas cosas: el hundimiento del Partido Comunista, la erosión del mundo católico, el fin del servicio militar, el oprobio arrojado a la nación y su historia, todos esos pilares que sustentan la comunidad imaginaria que es un país. Fuimos cobardes porque, en cierto momento, ya no nos atrevimos a seguir siendo republicanos, a hablar de igualdad y de fraternidad, y no solo de libertad. Era cursi, pasado de moda. Había que ser demócrata, multicultural, californiano, simpático, *cool*. Estamos pagando el miedo a ser distintos de los demás. A asumir cierta herencia que es a la vez jurídica, literaria y política. Una república no funciona con la pareja Iglesia-*drugstore*, sino con la pareja ayuntamiento-escuela. Tuvimos vergüenza de eso. Con el 9-3, vimos con tristeza el abandono de los centros socioculturales André Breton, Salvador Allende y otros, la basílica de Saint-Denis poblada de turistas japoneses y, muy cerca, una mezquita archirrepleta. ¿Dónde quedó la esperanza?

¿Qué no dijimos o no hicimos?

Hablar de la crisis de la escuela como institución es algo muy trillado, pero hemos visto cómo un lugar de instrucción se transformó en un lugar de animación. En un momento dado, la política capituló. Cuando el interés general se va, llega el *trader* seguido del gurú. Cuando el Estado se desmorona, quedan dos ganadores: las sectas y las mafias. Los banqueros de negocios por un lado y los locos desquiciados por el otro. Cuando la idea de servicio es ridiculizada, nos queda servirnos solos. El cinismo genera al mismo tiempo el fanatismo y la trampa. Usted me dirá que *Charlie Hebdo* a veces formó parte del sarcasmo general. Salvo que nuestros amigos se basaban en una cultura, *cum grano salis…* El sentido del humor francés, que se maneja mucho con el doble sentido, es "a buen entendedor, pocas palabras".

¿Es la quiebra de la República Francesa y sus valores?

No hay sociedad sin sacralidad. La laicidad era lo sagrado republicano. Lo sagrado es a la vez lo no negociable y lo que federa. Lo que no se regatea y que transforma a una pila en un todo. Cuando ya no se asume lo sagrado republicano, cuando se tiene vergüenza de *La Marsellesa*, cuando se habla como si uno fuera un contador de Bruselas, la esperanza va a hacer su nido en otra parte. Creo que la bofetada que acabamos de recibir puede devolvernos a nosotros mismos. En la herencia gala conviven la *gauloiserie*[*] a la Wolinski y la Fronda a la Bernard Maris.

¿Lo sucedido va a llevar a que los dibujantes se autocensuren?

Sería la derrota absoluta. No confundamos censura con mesura. Pero hay que estar atentos. Lo propio de nuestro planeta es la confrontación del siglo XXI con el siglo XV. En el siglo XV, nuestros buenos cristianos cortaban cabezas mucho más que ISIS: se quemaba a los herejes, la tortura se llamaba *pregunta*, los cátaros eran masacrados, sin hablar de lo que sucedió luego con los protestantes. En 1824, treinta años después de la Revolución, se votó en Francia una ley que condenaba a muerte el sacrilegio: por ejemplo, el robo de un ciborio. La

---

[*]   Del francés Gaulois, 'galo'. Palabras atrevidas, licenciosas, picantes, que pueden incluir el humor colorado y los chistes verdes típicamente franceses.

relación con Dios de un musulmán no tiene nada
que ver con la nuestra, que es interior y privada.
Es el tótem de la tribu, el papá. Ya lo hemos vivido
bajo el Antiguo Régimen. Esta explicación no es
una excusa: el siglo xxi tiene el deber de defenderse
contra el siglo xv, pero debe saber que el siglo xv
sigue existiendo. Mi propósito es antropológico. La
transparencia, la simultaneidad, la inmediatez nos
están velando distancias culturales alucinantes. Y
varios cortocircuitos cronológicos: la era isis y la
era Cabu* tienen el mismo reloj, pero no la misma
edad. La modernización técnica hace que emerjan
los arcaísmos mentales.

**¿Este drama plantea el tema de la participación
francesa en las intervenciones contra el Estado
Islámico en Irak?**
Si Francia quiere participar en operaciones de guerra
en el exterior, primero debe pedir a los represen-

---

*　Jean Cabu, cofundador de *Charlie Hebdo*, murió
asesinado en el ataque al semanario. En 2006, publicó
en portada una imagen de Mahoma que, abrumado por
los fundamentalistas, se lamentaba a la voz de "Es muy
difícil ser amado por idiotas", en respuesta a la polémica
provocada por las caricaturas danesas del *Jyllands Post*.
[N. de la E.].

tantes nacionales que se pronuncien. La noción de Opex ya no tiene sentido: lo externo es interno cuando la parábola está en el balcón y la web en el bolsillo. Un país en guerra es un país que se expone a sufrir. Podemos considerar que hay sufrimientos legítimos e inevitables, pero entonces hay que decirlo. Si vamos a convertir en nuestra una guerra de los Estados Unidos en el Medio Oriente, no lo hagamos a escondidas. No estoy discutiendo la validez de estas intervenciones, que en lo personal siempre he condenado desde el primer día. Pero en una guerra asimétrica por definición vamos a recibir duros golpes bajos. En mi opinión, esta situación suponía una deliberación ante el pueblo a través del Parlamento. Si, luego de deliberar, este concluye que es doloroso pero que sería más perjudicial no hacerlo, lo entendería. La matanza de *Charlie Hebdo* debe hacernos asumir una geopolítica claramente expuesta, con sus pros y sus contras.

¿Francia es un país en guerra que no lo sabía?

La palabra *guerra* me parece demagógica e impropia. Digamos combate, confrontación. Asuntos de policía y de inteligencia. Yo no veo divisiones blindadas penetrando en el territorio. Quinientos locos pueden hacer mal, pero no es el Tercer Reich. No deliremos. Y recordemos que solo hay guerra justa cuando es en defensa: las imperiales terminan mal.

En el fondo la pregunta es: ¿Cómo afirmarse a sí mismo sin negar al otro, cómo asumirse sin replegarse? ¿Hay que actuar global y pensar global? Esto se llama patriotismo republicano. Pero no me tome por un intelectual público que da súbitas lecciones de moral: soy solo un escritor secundario, un cándido que, desde su ventana –sepa disculpar–, carece de sensatez.

14 de enero de 2015
Entrevista realizada por Éric Fottorino

El espectro
de la invasión de 2003

Hélène Thiollet, politóloga

Al anunciar la creación de su supuesto "califato" en junio de 2014, Abu Bakr al-Baghdadi, principal dirigente del Estado Islámico en Irak y en el Levante (EIIL), se emancipó definitivamente de la tutela de Al-Qaeda. Podemos fijar en esa fecha la escisión entre ambas organizaciones. No obstante, a partir de 2013 el emir de Al-Qaeda conmina sin éxito al jefe del EIIL a que se retire de Siria y deje el liderazgo de la lucha contra el régimen sirio al Frente de la Victoria de la Gente de Siria (Jabhat al-Nosra).

Contrariamente a Al-Qaeda, que se piensa como una red, el Estado Islámico ha dado prioridad a una estrategia de control territorial, tomando como blanco a enemigos cercanos, tejiendo alianzas locales a partir de una base tribal, ejerciendo la limpieza étnica (yazidíes de Irak y kurdos) y el acoso a minorías religiosas en las regiones que controla (cristianos, shi'itas). Incluso en materia de financiamiento, mientras Al-Qaeda depende de donaciones del Golfo, el EIIL parece garantizar su funcionamiento gracias a la venta de petróleo en el mercado negro, a distintos tipos de tráfico, a la extorsión y al impuesto que cobra directamente a la población.

Sin embargo, el EIIL por ahora lo único que tiene de Estado es el nombre: su soberanía en los territorios cuyo control reivindica es sumamente frágil y hasta resulta una fantasía. De hecho, esas tierras de conquista están formadas por líneas de frente móviles (y líneas de fuga cuando el enemigo es demasiado poderoso), así como por algunos bastiones urbanos donde el movimiento trata de instalar un poder fundamentalista y totalitario.

En Siria, el grupo armado entró subrepticiamente en la guerra civil local por la puerta de la oposición islamista, junto con el Frente de la Victoria, a quien trató de engullir, sin éxito, en 2013. Al no tener base popular, el movimiento ha participado poco en las operaciones contra el ejército sirio y las milicias progubernamentales shi'itas o baatistas. Se ha involucrado esencialmente en las guerras intestinas de la rebelión siria, entre grupos islamistas sunnitas sobre todo, y en la ocupación de zonas liberadas por el Ejército Libre Sirio (ELS) o los grupos islamistas, que luego fueron declaradas como "tomadas" por el EIIL, a veces sin haber disparado un solo tiro...

Al noroeste de Irak, el Estado Islámico ha desempeñado un papel de protector para las poblaciones sunnitas presionadas por el gobierno iraquí, con el consentimiento de los Estados Unidos y con la excusa de la "guerra contra el terrorismo". Ya Al-Qaeda en Irak, creado por Abu Musab al-Zarqawi durante la intervención estadounidense, había asumido paulatinamente la resistencia de las poblaciones sunnitas ante un sistema político dominado por los shi'itas, impuesto por los Estados Unidos y apoyado por Irán. En contrapartida, dejando de lado la Yihad contra el imperialismo norteamericano, el EIIL busca imponerse como el representante legítimo de los grandes perdedores de 2003.

En la actualidad es difícil medir el fenómeno de adhesión a un movimiento cuyos efectivos son inciertos (entre 10 000 y 50 000 "combatientes", según los cálculos de la CIA). Entre las alianzas con los jefes de los notables sunnitas locales y la imposición de su dominio mediante la violencia y el terror, la obediencia de las poblaciones al Estado Islámico en las regiones que pretende controlar está íntimamente ligada al fracaso del gobierno iraquí en esos mismos territorios. El Estado-providencia que funcionaba en beneficio de los sunnitas y en detrimento de los shi'itas y los kurdos bajo la dictadura de Saddam Hussein hoy se vuelve contra ellos: así es como se encuentran excluidos del poder político, de las redes de influencia y de corrupción, y de la redistribución de la renta petrolera.

Así, lejos de ser el producto de odios ancestrales entre comunidades, grupos religiosos o tribus, las dinámicas de recomposición social y política que giran en torno al Estado Islámico son recientes, y se alimentan de las depredaciones económicas y de la privación de representación política.

La privatización del poder y de los recursos para beneficio exclusivo de un grupo, mayoritario o minoritario, socava la legitimidad del Estado ante la mirada de los excluidos, generando desesperación y frustración. Los sistemas políticos basados en el reparto del poder entre grupos religiosos pasan por la solución ideal con el fin de conjurar el espectro de la guerra civil, del genocidio o de la división territorial. El éxito temporal del EIIL muestra que, sin embargo, no se trata de una "receta milagrosa".

24 de septiembre de 2014

Una ambición territorial

Michel Foucher, géografo

¿De dónde viene Daesh, este Estado Islámico con el que unos cuarenta países quieren librar una guerra? ¿Se puede resituar en el tiempo este califato autoproclamado?

Este movimiento no fue anticipado y hay que admitir que no comprendemos todo. Tiene una historia reciente. Daesh utiliza el caos y las frustraciones de la parte sunnita de Irak. Se lanzó en un proyecto de neocalifato, proclamado oficialmente el 26 de junio de 2014. En vísperas del ramadán, una conferencia de prensa confirió solemnidad a todo, y en esa oportunidad su jefe, Abu Bakr al-Baghdadi, describió el territorio conquistado, controlado de manera directa o a través de aliados, que se extiende desde Al Raqa, en la parte central al norte de Siria, hasta Diyala, en la frontera iraní. El avance sobre el terreno de Daesh ha sido fulgurante, a tal punto que abarca ciudades esenciales como Mosul, la antigua Nínive, al norte de Irak, y Fallujah, en las puertas de Bagdad.

La referencia al califato es importante. Al autoproclamarse califa, Al-Baghdadi asegura que desciende de la tribu de Mahoma. Más allá de la referencia histórica y religiosa, apela a una representación muy fuerte, un mapa mental que rememora el califato abasí de Al Raqa, que reinó algunos años sobre esas tierras en el siglo VIII. Una página gloriosa del islam, cuando Al Raqa se remontaba a Bizancio. La bandera negra de los yihadistas de Daesh se hace eco de la bandera negra de la conquista islámica. El recurso espectacular a la decapitación, con una puesta en escena creada para internet, remite a la herencia de los califas, que exigían que se les trajera la cabeza de su enemigo servida en una bandeja. Pero lo que se pone en primer plano hoy es una versión combatiente, conquistadora, de los primeros califatos.

¿Estas referencias tienen un papel importante para la población local?

No. Pero sí lo tienen claramente para los neoconvertidos. Daesh está a la cabeza de un ejército que, se calcula, tiene entre 15 000 y 35 000 hombres. Se presume que más de la mitad son combatientes extranjeros. Es el fenómeno de las Brigadas Internacionales. Estos combatientes, no todos árabes, son muy poco aceptados por la población. Hay que manejar las cifras con precaución. Se calcula que hay unos 3 000 europeos, entre 1 000 y 2 500 saudíes, la misma cantidad de tunecinos, unos 100 estadounidenses... Muchos mueren y son reemplazados en parte. Se calcula que llegan unos 700 nuevos combatientes extranjeros por mes. El acceso a los campos de operaciones sirio e iraquí pasa por el aeropuerto de Estambul, *hub* de esta neoyihad. Existe una atracción muy fuerte entre los jóvenes, que llegan corriendo desde un mundo árabe en ebullición, pero también de Europa: de Francia. Daesh es un imán. Es una de las razones del compromiso de varios países occidentales y árabes: destruir un proyecto atractivo.

En las poblaciones que están bajo control, las condiciones son diferentes. Estas presentan una gran variedad de situaciones. Al norte de Irak se ha reagrupado una coalición de sunnitas militantes: esto no los convierte automáticamente en terroristas… La frustración de estos sunnitas, privados de poder desde el fin de Saddam Hussein, es real. Pienso sobre todo en los sunnitas de las cuatro provincias del norte, que lo han perdido todo. Pienso también en los que se beneficiaron con la arabización masiva en las tierras kurdas de la región, hacia Mosul, en la zona de contacto, y que ven a Daesh como un protector.

La asombrosa velocidad con que se ha formado Daesh resulta de la suma de todos estos factores: el vacío de poder (voluntario al norte de Siria, debido al sectarismo del exprimer ministro shi'ita Al-Maliki en Irak) y las configuraciones sociopolíticas locales. El vacío fue colmado por Daesh y sus aliados circunstanciales. Al-Baghdadi tiene un talento político seguro y un gran sentido de la comunicación. Aprovecha condiciones sociales y políticas favorables, lo cual marca el camino a seguir para el régimen de Bagdad: responder por fin a las reivindicaciones políticas y de seguridad de los sunnitas.

¿Se puede hablar de un Estado con una superficie, una población, una administración?

Es un mito y una aporía. Estamos en presencia de

un califato conquistador obnubilado por la conquista. No produce, no administra: roba y explota. Es evidente en Irak; tal vez lo sea menos en Siria. Existe una fuerte contradicción entre el proyecto global que tienen y su base *in situ*, los motivos locales por los que se unen a la coalición sus partidarios actuales. En realidad, Daesh está formado por ciudades, como una serie de colonias aisladas, esencialmente a lo largo del valle del Éufrates. Daesh domina ciudades, no un país. Es un actor no estatal que dispone de medios de Estado: un ejército, una policía, ingresos, alrededor de 2 000 millones de dólares, con entradas de un millón de dólares por día gracias a las ventas de petróleo sirio. Cuentan con recursos, ya que controlan el valle del Éufrates, el acceso al petróleo, el impuesto. Es un éxito por defecto. Daesh ataca usando medios convencionales y se defiende recurriendo a técnicas de guerrilla. Su objetivo era claramente la toma de Bagdad. Si Bagdad lleva adelante una política inteligente hacia las tribus y los cuadros sunnitas (garantizándoles una verdadera representación política y una gestión autónoma en sus cuatro provincias, con base en el modelo de Kurdistán), Daesh será vencido.

¿Cuáles son los objetivos de guerra de Washington, de París y de los cuarenta países que se han unido a ellos?

Los Estados Unidos comenzaron a preocuparse precisamente cuando la ciudad de Fallujah, cerca de Bagdad, fue tomada. Bagdad es un *casus belli*. Los ataques aéreos de los Estados Unidos comenzaron el 8 de agosto de 2014. El tema, hoy, es Irak.

Los principales objetivos de la guerra son claros: impedir que Bagdad caiga en manos de Daesh; permitir que el ejército iraquí y shi'ita, al igual que los kurdos, reconquisten los territorios perdidos; conceder a las cuatro provincias sunnitas del norte su autonomía, y, por último, reducir el foco de reclutamiento de combatientes extranjeros. Se trata de volver a ganar terreno.

Estos países agrupados en torno de los Estados Unidos, ¿no están exagerando la amenaza?

Daesh constituye la segunda ola yihadista después de Al-Qaeda, con un proyecto territorial transfronterizo. Son verdaderos adversarios. Daesh cuenta con un proyecto político. El peligro justifica una intervención militar, pero el riesgo está en construir una amenaza que nos enceguezca. Aunque se trata de una amenaza real, no hay que exagerarla ni instrumentalizarla. En este momento, con la perspectiva de la acción militar en Irak, Daesh comienza a reinstalarse en el norte de Siria, entre Alepo y Al Raqa, con la complicidad del régimen de Bashar al-Assad, quien luego intentará negociar con los occidentales su previsible ayuda a la destrucción de este neocalifato.

24 de septiembre de 2014

Entrevista realizada por
Éric Fottorino y Laurent Greilsamer

El Estado Islámico está muy adaptado a la guerra moderna

Hosham Dawod, antropólogo

¿Cómo analiza el avance del Estado Islámico, conocido como Daesh?

Junto con sus aliados, el EI dispone, en el conjunto del territorio que controla, entre Siria e Irak, de una fuerza armada de aproximadamente 30 000 hombres. Pero solo necesitó 1 000 combatientes para apoderarse de Mosul, la segunda ciudad de Irak. Desde el 10 de junio de 2014, inicio de su ofensiva en Irak, de 2 000 a 3 000 jóvenes se habrían unido a sus filas solamente en la región de Nínive, alrededor de Mosul. Para lograr movilizarlos, Daesh aprovechó que los Estados Unidos dividieron a los iraquíes según sus orígenes, trabajando para separar a las comunidades y politizar las identidades, para luego segregar a los sunnitas minoritarios en Irak. Desde entonces, el primer ministro Nouri al-Maliki (shi'ita) fue aplicando una política cada vez más belicosa hacia los sunnitas.

Todo ello contribuyó a favorecer el surgimiento de Daesh, un movimiento fundamentalista para el cual el sunnismo rigorista constituye el único islam verdadero. El EI jerarquiza a sus adversarios de la siguiente manera. Primero están los shi'itas, que son los peores, los "renegados", los "parásitos" del islam. Luego están los "infieles", como los yazidíes, adeptos a un culto monoteísta de origen persa. Por último está la "gente del Libro", es decir, en esta región, los cristianos, que han sido objeto de numerosas exacciones, aunque no de masacres.

Pero ¿por qué los sunnitas se pasaron al bando del EI?

Voy a distinguir tres fases posteriores a la intervención estadounidense de 2003. La primera llega hasta el año 2005, cuando los sunnitas, golpeados en extremo, permanecen expectantes. Luego, desde 2005 hasta 2007, se dividen. Una parte lanza una insurrección armada que provoca un cambio de estrategia de los estadounidenses, quienes desde entonces buscan reinsertar a los sunnitas en el juego político. Pero antes de que se vayan, a finales de 2011, el primer ministro Al-Maliki comienza a aplicar una política de marginación creciente de los sunnitas. Estos sienten entonces al ejército iraquí como un ejército de ocupación. Daesh se desarrolla plenamente en ese caldo de cultivo. Por último, la guerra en Siria vuelve a inyectar dinamismo a los conflictos de confesiones en Irak, creando un *continuum* entre estos dos estados donde los sunnitas serían "vejados".

¿Cómo se explica la desbandada del ejército iraquí ante algunos miles de hombres?
Es un ejército que terminó atrapado en un medio hostil, subequipado, mal entrenado y sin capacidad de iniciativa. Muchos de sus soldados no son de carrera. Sobre todo, es un ejército profundamente corrupto. La mayoría de sus jefes no tienen ninguna calificación militar. Antes de la caída de Mosul, se podía comprar un grado de general por entre unos 250 000 y 300 000 dólares. En dos o tres meses, esta suma era recuperada gracias a las malversaciones. Ante eso, Daesh aparece como una tropa decidida, apoyada en ciertos lugares por una compacta red local, como en Mosul. Y su dirección cuenta con la adhesión de cuadros veteranos de la antigua Guardia Republicana de Saddam Hussein.

¿Quién los apoyó antes, militar y financieramente?
Daesh encontró lo esencial de su armamento en
el campo de batalla sirio y en Irak, donde quedó
abandonada una gran cantidad de armas. Y se
adaptó muy rápidamente a la guerra moderna.
Sus combatientes saben usar con habilidad la
comunicación y las redes sociales. Antes del ataque
a Mosul, los oficiales del ejército regular iraquí
recibieron en sus móviles SMS que decían: "Huyan
porque van a perder la ciudad y la vida". El EI
también cuenta con diversos cómplices en el seno del
ejército. En cuanto al financiamiento, no podemos
demostrar que exista una ayuda directa de las
monarquías del Golfo, pero no cabe duda de que
Arabia Saudita, Qatar, Kuwait y otros han jugado
con la idea de armar a los adversarios yihadistas
de Bashar al-Assad para contrarrestar el "triángulo
shi'ita" Irán-Irak-Siria. Varios habitantes ricos del
Golfo han financiado a los yihadistas en Siria, y sus
estados les permitieron hacerlo. En la actualidad este
financiamiento se ha reducido en gran medida. Los
Estados del Golfo han tomado conciencia de que
Daesh también constituye una amenaza para ellos.

¿Cómo se financia Daesh?

En su período de construcción, Daesh recolectó el *impuesto de la Yihad*, que a menudo podía confundirse con la extorsión. Y desde 2013 su primer recurso es el petróleo: 50% se extrae en Siria. Allí produce entre 80 000 y 100 000 barriles por día, de los cuales 40 000 se venden a un precio que va de 20 a 50 dólares en Siria (casi siempre en el campo de Assad), en Irak y sobre todo en Turquía. Las sumas incautadas en bancos iraquíes son poco importantes comparadas con el maná petrolero. Además, el EI busca desarrollar una administración comercial, y para ello ha creado sociedades instrumentales. Por último, ha ampliado la base del impuesto que cobra.

¿Qué se sabe hoy de los atributos estatales reales del EI?

Daesh es un poder piramidal, aunque nómada, que actúa en un espacio relativamente definido. Su centralización es patente, pero practica una verdadera delegación de las decisiones militares en el terreno. Por supuesto que, para atacar Tikrit o Mosul, el asunto se coordina en la más alta esfera. Cuando se apoderan de un nuevo territorio, instauran una *wilaya*, una gobernación de distrito que tiene un emir a la cabeza y un esbozo de administración local, empezando por una policía propia. La prioridad consiste en llevar tranquilidad a la población sunnita.

¿Y lo logran?

Sí, pero les cuesta. ¿Podrán dominar un vasto espacio –cinco veces el tamaño de El Líbano– poblado por entre 6 y 7 millones de individuos que quedan, en el fondo, a la expectativa? Desde que los Estados Unidos comenzaron a bombardearlos, en Daesh se advierte una inquietud que va en aumento. Fusilaron a cuatro yihadistas kurdos que se habían alistado en sus filas, acusándolos de espionaje. Comienzan a reprimir a los jóvenes. Llegan hasta a acusar de *infiltrados* a quienes se les han unido recientemente. Los antiguos yihadistas tienen primacía sobre los nuevos, a los que llaman "made in China". Este desasosiego podría ir acentuándose.

¿Cuál es la ambición territorial del califato?

En teoría, todo el mundo musulmán: pero es difícil saber cuáles son sus ambiciones actuales, ni si Daesh las ha fijado. Para su jefe, Abu Bakr al-Baghdadi, Erbil, la capital kurda iraquí, forma parte del califato.

¿Se puede imaginar que el EI ataque Kerbala? ¿O que apunte a Bagdad o a Damas?

Daesh ambiciona atacar los símbolos del shi'ismo pero... ¿llegar hasta atacar Kerbala, la gran ciudad santa del shi'ismo en Irak, junto con Nayaf? No creo. Eso modificaría todos los parámetros. Irán intervendría abiertamente. Al-Baghdadi sabe que Bagdad y Kerbala están fuera de su alcance. El EI puede fomentar atentados graves allí, puede cometer masacres. Pero hasta el día de hoy no ha podido apoderarse de esas ciudades.

¿Estamos presenciando una "insurrección sunnita" contra el poder central?

Yo no utilizaría esa expresión, porque no todos los sunnitas siguen a Daesh. Por ejemplo, el EI tomó la ciudad de Fallujah, pero jamás pudo controlar su región (Al-Anbar), que es sunnita en su totalidad. La mayor parte de la población sunnita permaneció pasiva ante Daesh. Si no se opuso a él, es porque considera que nada bueno puede venir de Bagdad. Después de todo, Daesh permite ganar un reconocimiento del carácter nefasto de la marginación de los sunnitas y desembarazarse del primer ministro Al-Maliki. No es poco.

¿Qué se sabe acerca de la alianza entre el EI y los exbaatistas fieles a Saddam Hussein?

Hace años que exmilitares baatistas se aliaron a Daesh, viendo en él una opción pasajera para acabar con la marginación de los árabes sunnitas. Pero la mayor parte terminó siendo prisionera de esta alianza. Aquellos que se adhirieron recientemente al EI pueden ser disociados de él. Dudo que pueda decirse lo mismo de los primeros seguidores. Sobre todo, creo que los estadounidenses deben entender que su estrategia de 2007-2008 (que consistió en ganarse la fidelidad de los sunnitas a cambio de dólares) en gran parte ya no funciona. La desconfianza de los sunnitas hacia el gobierno de Bagdad hoy es mil veces más fuerte que en ese entonces. Además, están más divididos de lo que se cree.

¿Existe entonces el riesgo de que Irak se divida en dos?

Crear un Estado sunnita justo al lado de un Estado kurdo y de un Estado shi'ita sería ir en contra de sus propios intereses. Sería regalarle una vía de retorno a Daesh en el futuro. Y me temo que transformar a Irak en confederación con una base étnica y religiosa generaría una situación conflictiva mucho más terrible que la desintegración de la ex Yugoeslavia.

24 de septiembre de 2014

Entrevista realizada por Sylvain Cypel

La escoba del aprendiz de brujo

Michel Onfray, filósofo

Dos franceses musulmanes planificaron fríamente el asesinato de la flor y nata del dibujo satírico francés, dejando detrás de ellos una matanza sin nombre. Francia cayó luego en una ola de compasión bastante acorde con los tiempos que corren, porque hay que vender papel de diario, tiempo de emisión mediática y parloteo en las cadenas de información *non stop*. Exmiembros del GIGN o del RAID, jefes de los servicios políticos y editorialistas, especialistas de todo tipo se repartieron el tiempo de antena, al lado del anónimo que repetía lugares comunes: "Nada que ver con el islam", "Evitemos las mixtificaciones", "No hay que mezclar las cosas", cuando no lo obsceno: "¡Los musulmanes son las primeras víctimas de esto!".

El personal de la clase política siguió los pasos de estos anónimos; todo el mundo pasó a llamarse Charlie: los curas y los militares, los rabinos y los imanes, los patanes y los politiqueros, o sea, todos aquellos a quienes *Charlie*, publicación que hasta ayer estaba al borde de la quiebra, les pateaba el trasero semana tras semana. Las campanas de Notre-Dame sonaron por Cabu; Fernando Arrabal habló de premio Nobel póstumo para los dibujantes, cuando no de un ingreso al Panthéon para Charb... Hace falta no haber leído nunca *Charlie* para creer que todos ellos hubieran aceptado estos elogios. Uno puede no tener ganas ni de la compasión que impide pensar, ni de la complicidad con aquellos que impiden que pensemos a fuerza de kalachnikov.

Pensar, justamente, es preguntarse cómo llegamos a esto. Dejemos de mirarnos el ombligo y veamos un poco hacia atrás: hagamos historia, que es el mejor remedio contra la compasión fácil.

Mitterrand convirtió a Francia y a los socialistas al liberalismo en 1983. Para que sus electores creyeran que él no seguía la política de Giscard, liberal, europea, proveedora de desempleo, y por lo tanto de pauperización, y por lo tanto de delincuencia, y por lo tanto de radicalizaciones diversas, especialmente la islamista, instrumentó un Front National, que antes de él era grupuscular, hasta lograr que 35 diputados del FN entraran a la Asamblea Nacional en 1986 con la excusa de la proporcionalidad. El FN es la escoba del aprendiz de brujo…

Para Mitterrand, todo lo que dividía en dos a la derecha era bueno para mantenerse en el poder y pensar en una reelección –que tuvo lugar–. Para que el FN existiera hacían falta dos bandos: el bien y el mal, los inmigrantes y los antirracistas. Dos bandos es el principio del fin para el pensamiento. Para la izquierda liberal era la seguridad de poder seguir repartiéndose el poder junto con la derecha liberal. Después de Mitterrand, Chirac; después Sarkozy, Hollande; todo para un mismo programa: ¡el de Giscard!

La Europa de Maastricht, nuevo juguete de Mitterrand, debía aportar el pleno empleo, la amistad entre los pueblos, el fin de las guerras: tuvimos el desempleo masivo, el comunitarismo, la dilución de la república y, ahora, lo que se da en llamar la guerra civil… El fin de la izquierda antiliberal, diluida en los puestos ministeriales del programa común, luego la caída del Muro de Berlín, dejaron las manos libres al mercado, que manejaba la izquierda liberal sin problemas de conciencia. Lo sigue manejando de la misma manera y sigue jugando con el FN, diablo creado y mantenido por ella misma.

Durante todo ese tiempo, Francia implementaba una política esquizofrénica: islamofobia hacia afuera, islamofilia hacia adentro. Hoy sigue siendo el caso. Afuera, derecha e izquierda juntas, Francia bombardeó a la población musulmana de Afganistán, Irak, Libia y Malí, con el pretexto de luchar contra el terrorismo, que antes de los bombardeos no nos amenazaba directamente. La mayoría de los intelectuales de público conocimiento han apoyado estas guerras (cuando no las desearon ardientemente: pienso en el terrible papel de Bernard-Henri Lévy como figura emblemática). ¿Cómo podría ser que todas esas guerras repetidas contra los musulmanes en todas partes del planeta no hicieran de Francia un blanco? Bueno, es en lo que se ha convertido hoy.

Islamófoba hacia afuera, Francia es islamófila hacia adentro. Efectivamente: en Francia, el islam ha sido representado como algo que no tiene nada que ver con el islam planetario. Esto es desconocer el sentido de la *ummah*, que define a la comunidad de musulmanes del planeta. Es también guardar silencio sobre la motivación de los asesinos de

Charlie que reivindican su pertenencia a Al-Qaeda en Yemen, aunque son franceses: porque la comunidad, la *ummah*, hace caso omiso de fronteras y de naciones. El islam es una religión desterritorializada cuyo mensaje toma prestado el camino de internet, que reúne en tiempo real a quienes están separados en tiempo y espacio en la totalidad del globo.

El coro de los medios predominantes repite al unísono, y con ellos la clase política, la antífona de un islam como "religión de paz, de tolerancia y de amor". ¡Hay que no haber leído nunca el Corán, los *hadiths* del Profeta y su biografía para atreverse a sostener algo semejante! Cualquiera que remitiese a estos textos fue considerado un literalista islamófobo. La publicación de mi *Tratado de ateología*, hace diez años, me mostró la magnitud de los daños. Y, al mismo tiempo, la incultura de quienes resultan ser menos islamófilos que liberticidas…

La izquierda liberal y la izquierda antiliberal comulgan con esta negación, dejando el campo libre a Marine Le Pen, quien se hunde con alegría y, lamentablemente, con éxito en este vacío dejado por el retiro de la izquierda. No existe una diferencia de naturaleza, sino una diferencia de grado entre el islam pacífico del creyente integrado a la república que conduce su vida buena instaurando en principio la famosa sura: "no hay coacción en materia de religión", y el islam de aquellos que se basan en muchas otras suras del mismo Corán y que resultan ser antisemitas, falócratas, misóginas, homofóbicas, belicistas, guerreras y que matan en nombre del libro que dice también que no hay que matar...

La impericia del personal político, que ya no tiene otra perspectiva que acceder o mantenerse en el poder, ha desesperado a gran parte de los franceses. Algunos votan sin ilusiones, algunos ya no votan, algunos simulan, algunos se suscriben a ideologías "llave en mano" (la religión cumple admirablemente esta función), algunos operan un repliegue egocéntrico. Algunos también son tentados por la violencia: Robespierre vuelve a ser un modelo para algunos; otros esperan, frotándose las manos, "la revolución que se avecina" y que no parece querer ser pacífica, otros bizquean hacia Mao o Lenin, cuando no hacia Stalin. Y algunos hacen que los fedayines de los años setenta se vuelvan sus modelos de pensamiento y de acción. Hemos llegado a esto, lamentablemente.

¿Qué tenemos hoy? En la izquierda, un Jean-Pierre Chèvenement, capaz, hacia afuera, de llevar adelante una política proárabe que no sea antiisraelí, y hacia adentro, de instrumentar una política claramente laica que no permita posicionarse a ningún peón en una estrategia antirrepublicana en el tablero francés.

21 de enero de 2015

Los jóvenes franceses de la Yihad

Dounia Bouzar, antropóloga

En el marco de su misión, que consiste en escuchar y acompañar a los padres de jóvenes que fueron cooptados por la Yihad o que ya partieron a Siria, usted realiza el seguimiento de más de 130 familias. ¿Cuál es el perfil de los hijos?

No todos estos jóvenes fueron "cooptados por la Yihad". El trabajo fino de quienes los reclutan consiste justamente en atraerlos poniéndoles delante la zanahoria de otras misiones: hacerse cargo de los niños gaseados por Bashar al-Assad en la impunidad internacional, salvar al mundo de sociedades secretas complotistas que querrían eliminar a los pueblos, etcétera. Algunos realmente cuando parten van conscientes de que van a *combatir*. Pero más de 50% están convencidos de que son parte de una misión humanitaria. Por lo tanto, la tipología con la que trabajamos es amplia.

Antes, los terroristas reclutaban más a lo que se denomina *jóvenes frágiles*, "sin padre ni puntos de referencia", marcados por el fracaso escolar, sin ninguna esperanza social, con problemas familiares y que viven en barrios difíciles o con carencias. Hoy ya no es el caso. Los reclutadores han refinado tanto sus técnicas de adoctrinamiento que logran llegar a jóvenes de todos los medios y clases sociales, incluyendo a alumnos muy aplicados del barrio XVI de París.[*] En los 130 casos que estudiamos, encontramos 70% de familias que no tienen nada que ver con la memoria de la inmigración, 80% son ateas y apenas 20% tienen una convicción religiosa (católica, protestante, judía o musulmana).

Las redes abordan primero a los jóvenes que buscan un ideal pero no conocen el islam. Controlarlos es más fácil y más rápido. Un joven con x perfil puede caer en menos de tres meses. La mayoría de los padres pertenecen a la clase media o alta. Esto significa que la clase baja o no nos llama, o bien nos llama cuando ya es demasiado tarde: el hijo ya se fue.

....

[*] El XVI o 16ème arrondissement de París es uno de los barrios más adinerados y burgueses de la capital francesa. Su población tiene un alto nivel económico y social.

¿El papel que desempeñan las amistades, los imanes o internet es real?

El islam radical no pasa por las mezquitas. Hemos perdido mucho tiempo con eso. Mientras vigilábamos a los imanes, los terroristas perfeccionaban sus videos de adoctrinamiento con la teoría del complot, las imágenes subliminales de los videojuegos y escenas insoportables de niños masacrados en Siria. Los imanes son como los demás: no saben diferenciar entre un joven ortodoxo y un joven adoctrinado.

Hay que entender que la mayor parte de los jóvenes que estudiamos se adhieren a la ideología totalitaria del islam radical sin haber pisado nunca una mezquita ni hablado con un musulmán en carne y hueso: 90% del adoctrinamiento pasa por internet, sobre todo por las redes sociales, y luego se ponen en acción para establecer contactos. La mayoría de las veces los jóvenes se encuentran físicamente con uno de esos contactos en el último momento. A veces es el chofer del Volvo que los espera en la esquina para llevarlos a Bélgica, más tarde a Turquía y después con los grupúsculos terroristas. Incluso hay muchachas que se casan (virtualmente) con alguien sin haberlo visto nunca.

¿Se trata de un fenómeno sectario?

Es muy simple: *religión* viene de 're-ligar' y de 'recibir'; *secta* viene de 'separar'. En cuanto un discurso, sea o no religioso, lleva a la autoexclusión y a la exclusión de los demás, estamos ante una deriva sectaria. Yo miro el efecto del discurso en el individuo, no su contenido. Nosotros aprendemos a observar los *indicadores de ruptura*: el joven no quiere seguir viendo a sus amigos de antes, porque supuestamente no están viviendo la vida real; de pronto se niega a continuar con sus clases de guitarra diciendo que es el diablo; quiere dejar de hacer deporte porque todo lo mixto sería decadente; se encierra en su computadora diciendo que es el fin del mundo; o bien abandona el colegio aduciendo que es un proyecto de los cruzados. Cuando se llega a algo así, no estamos ante un proceso de "conversión al islam", sino ante un sistema de ruptura. Es un indicador de alerta. No hay que aplicar una estructura de lectura de "derecho del hombre a la libertad de conciencia". ¡Hay que darse cuenta de que un discurso está pirateando su conciencia! Que, justamente, ¡se están pisoteando los derechos del niño! No hay peor islamofobia que pensar que es normal que un joven deje de hacer deporte o de ir a la escuela en nombre del islam…

¿Ha tenido la oportunidad de conocer a jóvenes que regresaron de esa aventura?

Muy pocos regresan; muchos mueren. Otros son secuestrados, sobre todo las jóvenes, que se desadoctrinan rápidamente cuando comprueban que no solo no existe ninguna acción humanitaria, sino que los terroristas exterminan a todos aquellos que no les juran fidelidad. Comenzando por los musulmanes sirios, a los que supuestamente van a ayudar cuando parten...

Mi libro *Buscan el paraíso, han encontrado el infierno*[*] habla de estos destinos maltrechos y de ese misterio que las madres huérfanas tratan de resolver: ¿Cómo puede ser que sus hijos, inteligentes, sensibles y cariñosos, hayan caído y crean en el discurso de desconocidos que conocieron en internet?

8 de octubre de 2014

Entrevista realizada por Laurent Greilsamer

---

*   D. Bouzar, *Ils Cherchent le paradis, ils ont trouvé l'enfer*, París, Les Editions de l'Atelier, 2014.

Not in
my name!

Laurent Greilsamer, cofundador
del semanario *Le 1*

Es una imagen muy fuerte. Una joven, el rostro enmarcado por un amplio velo en colores pastel, nos dice en inglés: "El Estado Islámico no representa ni al islam ni a ningún musulmán". Solo una frase. Un joven en camiseta, la cabeza rapada, continúa: "Lo que hacen es totalmente antiislámico". Y así sucesivamente, varios musulmanes pasan por la pantalla: una joven de suéter rojo, un señor bigotudo entrado en canas. Este videoclip, creado en Gran Bretaña, posee una energía rara, inhabitual: es gratificante. Para nada resignado o sometido a un mandato británico. Para nada hipócrita. Al contrario: sincero, espontáneo. Suena como una afirmación. Pero ¿quiénes son estos terroristas que pretenden hablar por nosotros?, dice cada uno a su manera. Esta gente es la vocera de la inmensa mayoría silenciosa musulmana que no encuentra palabras para expresarlo. Los verdaderos musulmanes son ellos, explican. Musulmanes libres, modernos. Que la organización Estado Islámico se calle, que deje de reivindicar la tutela del Profeta. *Not in my name!* La expresión, simple, directa, cruza La Mancha. Las redes sociales en Francia retoman la fórmula. Que se convierte en ráfagas de tuits. "No en mi nombre" es la respuesta a los comunicados sanguinolentos del grupo Estado Islámico. Quiere decir: "Sí, nosotros somos de este país, somos solidarios con cada uno de sus habitantes". Y resuena como un acto de emancipación fundacional.

8 de octubre de 2014

La islamización es un mito y somos animales míticos

Raphaël Liogier, filósofo y sociólogo

¿Por qué tantos musulmanes franceses se sienten obligados a disociarse de las exacciones de la organización Estado Islámico?

En estos estos últimos años se les conminó a justificarse. Todo el mundo se lo pide. No solamente ciertos intelectuales famosos. Los medios también, indistintamente, porque tienen la idea de que los musulmanes franceses nunca hacen lo suficiente para distanciarse de los actos terroristas o violentos. Hay una inversión de la carga de la prueba: el musulmán debe desligarse de no ser un criminal. Todo el mundo utiliza una expresión que habría que suprimir: *musulmán moderado*. El islam sería algo así como el arsénico. Si lo toma demasiado, si es usted demasiado musulmán, necesariamente es usted un peligroso fundamentalista. A la inversa, la expresión *budista moderado* no funciona. Ser totalmente musulmán equivaldría *ipso facto* a ser un violento integrista.

¿Cuál es el contexto que impulsó a todos esos musulmanes a esgrimir las pancartas "Not in my name"?

La imagen general que tenemos, la que muestran todas las encuestas, es la siguiente: más de 80% de los franceses cree que los musulmanes buscan imponer su modo de vida. Los musulmanes serían demasiado demostrativos, no tendrían reparos. Como mínimo, incluso si no quieren matarnos, sí quieren que aceptemos sus prácticas en las albercas, en los hospitales, etcétera. Desde el año 2000 estamos presenciando un doble fenómeno: ciertos musulmanes se rebelan individualmente contra esta imagen, pero lo hacen cargando las tintas. Dicen: Yo soy republicano, yo no hice nada, reivindico más aún mi islamitud. A la inversa, otros se someten, evitan decir que son musulmanes.

Las encuestas que realizamos en el Observatoire du Religieux[*] lo demuestran, especialmente

---

[*] Institución creada en 1992 por Bruno Étienne, profesor emérito del l'Institut d'Etudes Politiques d'Aix-en-Provence y exmiembro del l'Institut Universitaire de France.

las investigaciones de trabajo o de departamento. Cuando la organización Estado Islámico u otros grupos terroristas hacen que se hable de ellos, entonces ellos sienten la necesidad de justificarse. Se sienten culpables. Otros, que tienen ganas de vivir normalmente, matizan al máximo su islamitud.

¿Los horrores recientes han provocado nuevas reacciones?
Todo el mundo se sintió en shock, y con más razón los musulmanes, que sufren a tal punto que sienten la necesidad de disociarse, de diferenciarse. Su actitud es tranquilizadora para la mayor parte de nuestra población. Hoy, si su vecino de *palier* es musulmán, parecería que puede ser un terrorista. Es una ilustración de la tesis del antropólogo Arjun Appadurai: el siglo xx tenía miedo de las revoluciones masivas; el siglo xxi tiene miedo de unos pocos: cada uno se preocupa por el vecino de al lado. Antes del inicio de la década del 2000, el discurso sobre la islamización era ante todo cuantitativo: los musulmanes se multiplicarían más rápido que los otros. Migrarían más hacia Francia y adoctrinarían a diestra y siniestra. Luego se agrega la dimensión cualitativa: la presunta

intencionalidad. El musulmán tendría un plan. Si se reproduce, migra y adoctrina, lo hace adrede porque trata de imponérsenos.

¿El fenómeno de las conversiones merece la atención que se le presta?
En Francia, los servicios de inteligencia calculan el total en alrededor de 4 000 conversiones al año. Es decir, más de 10 por día. Si tomamos una población total de 60 millones de habitantes, estamos ante una dinámica débil. En cambio, existe un movimiento de reconversión: son musulmanes etnoculturales que se vuelcan hacia una forma más intensa de islam.

¿Qué argumentos se pueden esgrimir ante quienes a pesar de todo perciben una islamización de nuestra sociedad?
Ninguno. No se puede combatir un mito con argumentos. Es algo que se siente, emocional. Es el efecto del "Sí, pero...". Digamos que yo le demuestro que la islamización no existe; usted me dice "de acuerdo, pero...". Somos animales míticos. Porque no tenemos contacto directo con lo real lo contamos a través de esquemas de lectura, de mitos. Y cuando nuestra narración, la que da sentido a nuestra existencia, se desmorona, entonces sentimos malestar.

Nuestra sociedad, como otras sociedades europeas, actualmente sufre este malestar, que es comparable a lo que Freud llama *herida narcisista*. Europa ha sido el centro de gravedad de la humanidad. Ser el centro del mundo era la gran narración europea. Estoy sopesando cuidadosamente mis palabras: el resto del mundo gravitaba alrededor de Europa, que fue colocando a los demás en una relación de repulsión-atracción. Europa quiere atraer, pero al mismo tiempo rechaza. Dice que quiere integrar a los jóvenes de origen magrebí, pero en realidad los mantiene a distancia, como satélites que deben girar alrededor de "nosotros", seguirnos sin mezclarse con "nosotros". Pero si ellos se visten distinto de nosotros, si ya no buscan imitarnos, consideramos que no nos respetan.

La islamización se ha convertido en el mito negativo de una Europa que ya no logra narrarse de manera positiva. Y porque ya no logran decir lo que son, los europeos necesitan gritar lo que no son: musulmanes.

8 de octubre de 2014

Entrevista realizada por Éric Fottorino

¿Por qué tanto odio?

Dominique Schnapper, socióloga
y politóloga

A la estupefacción, a la tristeza y a la indignación de los tres primeros días, a la comunión en el transcurso del sábado y del domingo en todas las ciudades de Francia, debe suceder la reflexión. ¿Por qué jóvenes franceses –unos provenientes de familias tradicionales musulmanas y otros convertidos– alimentan hacia las instituciones que los protegieron y hacia los valores democráticos un aborrecimiento radical y una capacidad de violencia que los islamistas mundiales saben manipular en su propio beneficio?

Lo sabíamos desde hace años. El odio hacia los judíos, pero también el odio hacia Francia, se ha desarrollado en ciertos barrios conocidos como "sensibles". Las encuestas sociológicas, los trabajadores sociales –a menudo de origen musulmán–, los docentes en las escuelas nos lo mostraban. Una violencia *ciega* o *pura* acorralaba a las instituciones cercanas, vecinales: escuelas, bibliotecas o centros de atención médica. Los niños judíos abandonan la enseñanza pública, donde ya no se sienten seguros. Sin embargo, por temor a estigmatizar a los musulmanes republicanos –no hay que olvidar que el fenómeno masivo es el de la integración progresiva de la mayoría de la población descendiente de los migrantes musulmanes– y también por no saber qué hacer contra el mal, un silencio incómodo cubría esos hechos con un velo de ignorancia. Uno se refugiaba en la idea de que eran solo una muy débil minoría. Pero la acción de las minorías conlleva un sentido que no se restringe a su número.

Los terroristas son marginales, son producto de la miseria social. Desprovistos de tradición cultural heredada, no han adquirido ni la cultura escolar transmitida por la escuela ni la socialización que esta implica. En ellos encontramos los rasgos clásicos de la delincuencia: una subcultura de adolescentes, no utilitaria, pesimista, agresiva, marcada por un hedonismo a corto plazo, que invierte voluntariamente el sentido de la cultura dominante. Su violencia traduce las frustraciones de los niños de clase popular y de clase baja que no tienen los medios necesarios para adaptarse al mundo democrático. Descendientes de migrantes o no, son los hijos de la crisis de la sociedad francesa. Pertenecen a las categorías que constituyen sus primeras víctimas: los jóvenes de la clase baja. Desde hace más de tres décadas, las elecciones colectivas implícitas de la sociedad han favorecido a la gente de más edad a expensas de los más jóvenes, y a los asalariados del servicio público a expensas de los asalariados del sector privado.

Además, nacieron en un ambiente donde reina el antisemitismo tradicional de los pobres movidos por la amargura y el resentimiento. El fenómeno se recarga durante cada episodio del conflicto entre Israel y Palestina, y mucho más cuando algunos de ellos, para volver a dar lustre a su destino, se identifican con la suerte de los palestinos.

Su humillación se refuerza más aún con el bloqueo del sistema político. Mientras que la "marcha de los Beurs", en diciembre de 1983, levantaba el estandarte de una reivindicación que se inscribía directamente en la tradición republicana, los políticos respondieron manipulando el movimiento para sacarle provecho exclusivo e inmediato. Ahora bien: la marginación de los estamentos modestos de la población es más dramática cuando puede ser interpretada en términos "étnicos" o "raciales", y cuando se puede invocar el pasado colonial, el desarraigo de los padres de su tierra natal y la humillación que vivieron cuando los hicieron añicos trabajando en las fábricas de los Treinta Gloriosos. Las humillaciones sufridas no se olvidan. Se transmiten de generación en generación.

La marginalidad social y el desempleo endémico no lo explican todo. La democracia *extrema* no favorece la integración de la población marginal o frágil, sino que cultiva una relatividad de valores que constituye un shock para los herederos de las culturas tradicionales. La libertad sexual o el "matrimonio para todos" resultan chocantes para aquellos cuyas tradiciones estaban organizadas en torno de las normas familiares. Toda noción de límite, de interdicto y de moral parece que desapareciera para ellos. Ante esta agresión, los hijos educados por padres cuyos puntos de referencia morales han sido sacudidos corren el riesgo de ceder ya sea al abandono de toda referencia, ya sea a un tradicionalismo exacerbado, cuya muestra más patente es el machismo brutal que hace estragos en los barrios de viviendas populares.

Por su parte, el debilitamiento del patriotismo contribuye a hacer más difíciles los procesos de integración. La escuela autoritaria de la III República imponía a los niños de las clases populares el orgullo de ser franceses. Actualmente se denuncia el imperialismo, el proyecto colonial y la esclavitud. El arrepentimiento generalizado impide que el gobierno celebre los momentos del pasado colectivo que durante mucho tiempo se consideraron gloriosos.

Los sociólogos muestran que, a partir de ese momento, es el individualismo en sí el que "establece vínculos". Pero ello solo concierne a la población de clase media y a los intelectuales. El vínculo nacido del individualismo solo resulta eficaz para aquellos que han heredado una socialización sólida y que tienen la confianza y la seguridad de los más fuertes. Los otros experimentan un individualismo *negativo*. Las leyes fuertes protegen a los más débiles; el debilitamiento del reino de la ley favorece a los más fuertes, y las sociedades donde el control es desfalleciente fragilizan a los más vulnerables.

De manera más fundamental, la sociedad democrática deja a cada uno la carga de dar un sentido a su vida, de inscribirla en una creencia heredada o en una visión del mundo y del más allá. Pero lo que unos viven como libertad y responsabilidad, otros lo sienten como ausencia de sentido. El más simple y más fanático de los dogmatismos viene entonces a dar ese sentido, y mucho mejor si es más fanático y más simple. La historia ha demostrado que la violencia siempre está cerca y que la civilización de las costumbres políticas sigue siendo frágil. La democracia requiere un lento aprendizaje individual y colectivo: es un régimen tan improbable como frágil.

¿Cómo responder sino mediante la afirmación de nuestros valores? Es con la firmeza y no con la renuncia como podremos, a largo plazo, vencer a las fuerzas del mal. Hay que luchar contra el antisemitismo, incluso bajo sus sofisticadas formas de antisionismo, porque los terroristas han comprendido perfectamente que todo ataque contra personas e instituciones judías les da una repercusión política y mediática de extraordinaria potencia. Es necesario que la palabra de nuestros dirigentes en este sentido sea escuchada y que su voz se haga lo suficientemente fuerte y respetada como para imponer la ley republicana. Hay que luchar para que cese la lenta comunitarización de la sociedad francesa. Los políticos han alimentado con demasiada frecuencia la idea de las *comunidades* en el seno de la sociedad francesa, y han hecho aparecer a los judíos y a los musulmanes como ajenos a la nación, mientras se iba desarrollando la confusión entre judío e israelí. Es responsabilidad de los políticos, pero también de los intelectuales, propiciar el verdadero diálogo entre todos para que los niños perdidos de la República también comprendan que solo los valores, exigentes y frágiles, de la democracia nos permiten convivir humanamente.

21 de enero de 2015

Carta abierta a Al-Baghdadi y a los partidarios del Estado Islámico

Extracto

En una larga carta abierta, 126 sabios sunnitas del mundo entero unieron sus voces para denunciar los actos de barbarie perpetrados por los yihadistas de la organización Estado Islámico. El documento, con fecha 19 de septiembre de 2014, está dirigido directamente a Abu Bakr al-Baghdadi, califa autoproclamado, y a sus fieles. Punto por punto, los signatarios refutan los argumentos religiosos de Al-Baghdadi multiplicando las referencias a la *shariah*, corpus de textos sagrados sobre el cual el grupo terrorista pretende asentar la legitimidad de su lucha. A continuación se presentan algunos extractos.

8.d. Las reglas de conducta de la Yihad

Las reglas de conducta de la Yihad se resumen en las palabras del profeta Mahoma: "Hagan la guerra pero no sean severos, no actúen como traidores, no mutilen, no maten niños...". El Profeta también dijo, el día de la conquista de La Meca: "Aquellos que luchan en retirada no deben ser asesinados, los heridos no deben serlo nuevamente, y aquel que cierra su puerta está a resguardo". Asimismo, cuando Abu Bakr as-Siddiq [compañero del Profeta y primer califa] preparó un ejército para enviarlo al Levante, dijo:

Encontrarán gente que se ha consagrado a la vida monástica, déjenlos en sus devociones. También encontrarán a otros cuya cabeza es sede de demonios, es decir diáconos armados, entonces golpeen sus nucas: pero no maten a los viejos y a los decrépitos, ni a las mujeres, ni a los niños; no destruyan los edificios, no corten los árboles, no hieran al ganado sin motivo válido; no quemen, no ahoguen las palmeras; no actúen como traidores; no mutilen; no sean cobardes, y no roben. Y en verdad Dios ayudará a quienes Lo ayudan y ayudan a Sus mensajeros sin verLo. En verdad, Dios es fuerte, poderoso.

En cuanto concierne a los prisioneros, matarlos está prohibido por la ley islámica (*shariah*). No obstante, ustedes han matado a numerosos prisioneros: 1 700 en el Campo Speicher en Tikrit en junio de 2014; 200 en el campo de gas de Sha'er en julio de 2014; 700 de la tribu de los Chaïtat en Deir es-Zor (de los cuales 600 eran civiles no armados); 250 en la base aérea de Tabqah en Al Raqa en agosto de 2014; además de soldados kurdos y libaneses, y Dios sabe cuántos otros. Estos son atroces crímenes de guerra. […]

17. Tortura

Sus prisioneros han referido que ustedes los han torturado y aterrorizado golpeándolos; que han utilizado el asesinato y diversas formas de tortura, entre ellas la inhumación de personas vivas. Han decapitado a cuchillo a mucha gente, lo cual es una de las formas de tortura más crueles y está prohibida por la ley islámica (*shariah*). Durante las masacres que ustedes perpetran –y que están proscritas por la ley islámica–, los combatientes se burlan de aquellos a quienes se aprestan a matar diciéndoles que serán abatidos como corderos, y luego balan, antes de masacrarlos efectivamente como corderos. Sus combatientes no se conforman con matar, sino que al crimen agregan la humillación, el envilecimiento y la burla.

18. Mutilación

Ustedes no solamente han mutilado cadáveres, sino que han puesto en la punta de lanzas las cabezas decapitadas de sus víctimas y las han aplastado como balones, luego han difundido esas imágenes en el mundo durante el mundial de futbol –un deporte en principio autorizado por el islam y que permite a la gente desembarazarse de su estrés y olvidar sus problemas–. Se han burlado abiertamente delante de cadáveres y cabezas cortadas, y han difundido las imágenes de esos actos desde las bases militares que controlan en Siria. Así, han proporcionado numerosos argumentos a quienes quieren calificar de bárbaro al islam, al difundir las imágenes de actos bárbaros que ustedes pretenden haber cometido en nombre del islam. Han dado al mundo un palo para pegarle al islam, mientras que el islam es completamente inocente respecto de estos actos y los proscribe. […]

22. El califato

Existe un acuerdo (*ittifaq*) entre los sabios para decir que el califato depende de la responsabilidad de la *ummah* [la comunidad de los musulmanes]. La *ummah* sigue sin califato desde 1924 [fecha del desmantelamiento del Imperio otomano]. Ahora bien: un nuevo califato requiere un consenso del conjunto de los musulmanes, y no el de unas pocas personas reunidas en una parcela del mundo. Omar ibn al-Khattab dijo: "Quien haya jurado fidelidad a un hombre sin consultar a los musulmanes se ha perdido; y ni él ni el hombre a quien ha jurado obediencia deben ser seguidos, pues ambos han puesto sus vidas en peligro". Anunciar un califato sin consenso constituye una sedición (*fitnah*), porque eso deja fuera del califato a la mayoría de los musulmanes que no lo aprueban. Ello también llevará al surgimiento de numerosos califatos rivales, que terminarán sembrando la sedición y la discordia (*fitnah*) entre los musulmanes. Los comienzos de esta discordia ya se habían anunciado cuando los imanes sunnitas de Mosul no les juraron obediencia y ustedes los mataron.

8 de octubre de 2014

Primera versión en inglés: Charlotte Garson
Fuente: lettertobaghdadi.com

Un Yalta* entre sunnitas y shi'itas parece imposible

Henri Laurens, historiador

¿A cuándo se remonta el enfrentamiento moderno entre sunnitas y shi'itas?

En el siglo xvi se produjo un punto de inflexión, cuando se formaron dos bloques, con un Imperio otomano sunnita que combatía a un Imperio persa shi'ita. En el siglo xviii, el shi'ismo también se volvió mayoritario en Irak. Desde entonces la tensión predomina en la relación entre ambas obediencias. En el siglo xix, ciertos movimientos reformistas ven en ambos lados un sentido *ecuménico*, con la apertura de escuelas comunes; otros refuerzan las tendencias conocidas como *identitarias*. Y globalmente, hasta la

....

* En febrero de 1945, en la ciudad de Yalta, en la península de Crimea, se reunieron los Tres Grandes, Roosevelt, Stalin y Churchill, a fin de establecer un acuerdo sobre la partición de Alemania y el monto que se le exigiría para reparar los daños de guerra. [N. de la E.].

Revolución islámica en Irán en 1979, la oposición sunnitas-shi'itas sigue siendo secundaria en el espacio musulmán, donde predominan las cuestiones nacionales y sociales. Así, los shi'itas, en Irán o en Irak, proporcionaban lo esencial de los comunistas a Medio Oriente.

El shi'ismo parece más rígido y jerarquizado que el sunnismo, y al mismo tiempo más abierto...

El shi'ismo se construyó a partir de los sabios en religión. Sus grandes centros religiosos son primero ciertas universidades, cuya historia recuerda la de la Sorbona o la de Oxford. Un religioso shi'ita realizado, un *muyahid*, es un intelectual completo. Se supone que debe tener un dominio completo no solo de las ciencias religiosas, sino de la filosofía griega, que ha sido ampliamente integrada a sus estudios. El primer trabajo que presentó Jomeini, cuando era estudiante universitario en Qom, trata sobre los escritos neoplatónicos. En las grandes universidades iraníes usted puede encontrar todo el pensamiento occidental importante traducido al persa. El nivel intelectual del mundo shi'ita claramente es muy superior al de los sunnitas. En el sunnismo ya no se encuentran filósofos serios después del siglo xv.

¿Cómo ha influido el hecho de ser minoritarios en la filosofía religiosa y política de los shi'itas?

Siempre fueron muy minoritarios, pero no siempre políticamente. En el islam hubo períodos de shi'ismo dominante, como con los fatimíes, que reinaron de Medio Oriente a Marruecos entre los siglos X y XII. Pero, efectivamente, la guerra entre otomanos e iraníes, que duró tres siglos, equivale a las guerras de religión en Europa. Los shi'itas y sus disidencias (yazidíes, alevíes…) fueron percibidos por los otomanos como una quinta columna. El problema se agravó cuando el poder otomano se redefinió como califato. Aquel que no reconoce al califa se convierte en un impío. Así resulta que los otomanos reconocían a los cristianos o a los judíos, pero no a los musulmanes no sunnitas. Luego, el advenimiento de Jomeini en Irán constituirá un momento clave, pues demuestra que una fuerza musulmana puede alcanzar el poder. Numerosos sunnitas lo sienten como una voluntad de hegemonía por sobre todo el islam. De hecho, cuando Jomeini lanza su fatwa contra Salman Rushdie, lo hace en nombre de todos los musulmanes. El mismo año, los yihadistas sunnitas, vencedores de los soviéticos en Afganistán, teorizarán su victoria para volverse contra sus otros dos grandes enemigos: los estadounidenses y... los shi'itas. Durante un interrogatorio, Khaled Kelkal había explicado que "los shi'itas son un invento de los judíos para comprometer al islam". Con la guerra Irán-Irak (1980-1988), los iraníes van a ir de una estrategia inicial defensiva hacia una visión ofensiva de su política regional. Van a crear el Hezbollah en El Líbano y luego a construir alianzas "antiimperialistas" en el mundo sunnita, con el poder alawita laico en Siria o con Hamas en Palestina.

¿Es el wahabismo, movimiento sunnita rigorista que surgió hace dos siglos, el que origina el salafismo moderno?

No. Hasta el siglo XIX, el islam vivió centrado en sí mismo. El resurgimiento salafista se debe al choque creado por los imperialismos europeos. Los salafistas se sublevan contra sus élites, que se dejan maltratar por practicantes de otras creencias. Se impone entonces la idea de que si Occidente detenta el poder, ellos "detentan la verdad". Para esa gente, el islam deja de ser una adoración de Dios para convertirse en un antioccidentalismo acompañado de una utopía política: volver a La

Meca de los primeros tiempos, sociedad perfecta y contramodelo de Occidente. Como lo expresó el gran profesor Wilfred Cantwell Smith (1916-2000): "Cuando los musulmanes no adoran a Dios, adoran a su religión".

La tendencia denominada *quietista*, que da prioridad al estudio, es ampliamente mayoritaria en el salafismo. Ahora bien: son los salafistas yihadistas quienes están en el candelero...
Los yihadistas constituyen el fenómeno moderno. El atractivo de este movimiento pietista tiene fundamentos sociológicos. El islam tradicional es una religión de analfabetos. Hace un siglo, el 90% de la población musulmana mundial lo era. Su mundo estaba repleto de fuerzas oscuras, de *yinns* (genios) y de supersticiones. Las sociedades musulmanas recorrieron en cien años lo que nuestras sociedades realizaron en cinco siglos: alfabetizarse, pasar de la imprenta al internet. Una persona que lee deja de confiar ciegamente en sus padres analfabetos. La alfabetización masiva tuvo como consecuencia paradójica alentar la lectura literal de los textos. Sobre todo porque a menudo estamos ante un conocimiento de tipo casero. Y ese yihadismo –¡fíjese

en Daesh!– se ha convertido en un experto de las técnicas hollywoodenses del espectáculo y en un campeón del gore.

¿Se puede imaginar un modus vivendi entre Arabia Saudita, gran país sunnita, e Irán, líder de los países shi'itas?
Un Yalta entre sunnitas y shi'itas no es posible: ni ideológica ni políticamente. Sobre todo porque la monarquía saudita se ha emancipado considerablemente de la tutela estadounidense. No pidió nada a Washington para lanzar este verano su asalto en Yemen. Al mismo tiempo, incluso si cada vez hay más tensión entre Teherán y Riad, no hay que pensar en términos de esencia: shi'ismo contra sunnismo, Occidente contra barbarie yihadista, etcétera. En Siria y en Irak las prácticas de Daesh son innobles, pero el inventor del barril de TNT que mata barato… ¡es Bashar al-Assad!

El número de víctimas causadas por el régimen sirio es muy superior al de las personas asesinadas por Daesh. El conflicto sirio funciona como un agujero negro que aspira a todas las fuerzas regionales, desde los yihadistas europeos hasta los shi'itas afganos. Se trata de una situación *aroniana*:* en Siria una solución militar es improbable; una solución política, imposible. No se sabe quién prevalecerá y, sin embargo, esta respuesta es la clave del porvenir.

16 de septiembre de 2015

---

* Relativa al pensamiento del filósofo Raymond Aron.

El fin del bernard-henri-levismo

Jean-Christophe Rufin, historiador,
escritor y diplomático

Hace veinte años que Francia tiene el mismo ministro de Relaciones Exteriores. Se llama Bernard-Henri Lévy.

Fue él quien llevó adelante la lucha mediática contra Milošević, quien convenció a Jacques Chirac de intervenir en Kosovo, quien empujó a Sarkozy a entrar en guerra con Libia y quien, estos últimos meses, no ha dejado de recomendar una actitud ofensiva ante Bashar al-Assad.

No podemos reprochárselo: él está en su papel de intelectual. Ha elegido luchar siempre y donde sea por la libertad y contra la dictadura. Es una actitud respetable.

La pregunta es más bien: ¿Por qué los políticos lo obedecen? ¿Por qué, a pesar de las reticencias de diplomáticos y de militares, a pesar de las dificultades y de las incertidumbres, los gobernantes eligen el camino que él les traza? ¿Por qué una extraña unanimidad política rodea esas intervenciones externas, incluso cuando queda claro que solo pueden conducirnos a distintas catástrofes? ¿Por qué no se oye ninguna advertencia en cuanto se activa el mecanismo mediático-político de estas guerras supuestamente "justas"?

Comencemos por una evidencia: el bernard-henri-levismo es un pensamiento simple. No es simplista: incluso es muy sutil y argumentado, repleto de referencias prestadas de la Segunda Guerra Mundial y de observaciones humanitarias rigurosas. Pero no deja de ser simple en su formulación: señala claramente los buenos y los malos. En el bernard-henri-levismo, la complejidad geopolítica de cada situación en particular es reemplazada por un criterio exclusivamente moral: ¿Dónde están las víctimas? ¿Quiénes son los verdugos?

Al prohibir cualquier descripción equilibrada de las atrocidades cometidas por una parte y por la otra (calificándolas con desprecio de "dar la razón a ambas"), el bernard-henri-levismo distingue agresión y legítima defensa. La violencia, tamizada por este filtro ideológico, se vuelve así condenable totalmente de un lado y moralmente aceptable del otro.

Es un pensamiento muy adaptado a la mentalidad estadounidense. El "Nuevo Mundo" se construyó sobre el rechazo de las viejas querellas europeas y con la preocupación de dejarse guiar solamente por consideraciones morales. Así, los estadounidenses personalizan de buen grado sus combates y mantienen unido a su pueblo en el aborrecimiento de un enemigo cuya maldad, negrura y cinismo primero describen cuidadosamente. Saddam Hussein lo pagó caro en su momento.

Bernard-Henri Lévy ha dado una nueva vida a ese pensamiento estadounidense que de alguna forma olía demasiado a parroquia presbiteriana o bautista. Al inscribirse en la filiación de Malraux, Camus o Lévinas, hizo que el procedimiento fuera más eficaz y más mediático, incluso si en el fondo sigue siendo idéntico.

Para un político, resistirse al mandato moral de BHL es casi imposible. Y ceder a él no puede sino presentar ventajas.

Lanzar una guerra recomendada por el filósofo es garantizarse el ser considerado como humanitario, valiente y antifascista. Humanitario porque, al inicio de sus intervenciones, siempre hay civiles que sufren. Qué importa si sufren de ambos lados. Solo los que están en el bando correcto son dignos de recibir la condición de víctimas. Valientes porque dar la orden de lanzar bombas es considerado como viril. Qué importa si los ejércitos involucrados son los de estados modernos superpoderosos ante el arsenal heteróclito de las dictaduras del Tercer Mundo. Y antifascista, porque se puede confiar en Bernard-Henri Lévy para hilar la comparación suprema, aquella que convoca a los manes de Hitler y de Mussolini para calificar las situaciones presentes.

Otra ventaja de este tipo de empresas es que inexorablemente son victoriosas. Cuando la tormenta internacional se desata sobre un tirano, este cae. Si Bashar resistió, fue porque los estadounidenses recusaron y porque no pisamos a fondo el acelerador. La caída del dictador es un momento de regocijo que puede hacer estremecer las curvas de popularidad más deprimidas…

Lástima que esta euforia no dure. Lo reprimido siempre termina volviendo. Volvió a Afganistán, donde, a pesar de los millones de dólares invertidos, los talibanes están de nuevo en las puertas del poder. Volvió a Irak, donde al ver abatida la estatua de Saddam Hussein, George Bush declaró imprudentemente "War is over!", y donde los exadeptos de Saddam hacen su estrepitoso regreso con los colores del Estado Islámico. Vuelve a Libia desde hace varios años. El estallido del Estado libio primero se hizo sentir en el sur, hacia el Sahara, y todavía se podía fingir ignorarlo. Hoy afecta al Mediterráneo y a las costas italianas, y desde entonces ya nadie puede negar su evidencia.

Nos llevará años aprender las lecciones de nuestros errores, y sería presuntuoso querer absolvernos en este corto texto. Tracemos solamente algunas pistas de trabajo, bajo la forma de aforismos, para meditar antes de cualquier nueva intervención.

- Solo se debe tomar la responsabilidad de abatir a un régimen si se sabe por qué será reemplazado.
- Solo se puede "liberar" a un país si se está dispuesto a acompañar su reconstrucción a largo plazo. Los Estados Unidos, después de haber liberado a Europa, lanzaron el Plan Marshall…
- Impedir que un dictador masacre a su población es una cosa; destruir a un Estado es otra. Detener el brazo sanguinario de Gadafi en Bengasi era

legítimo. Derrocarlo era otra clase de empresa…

- En materia humanitaria, los estados deben tomar determinaciones en el tiempo. El principio no es calmar nuestras emociones, sino actuar en pro del interés a largo plazo de la población. Hemos intervenido para proteger al pueblo libio. Cuatro años más tarde, ¿ha mejorado su suerte? ¿Acaso el sufrimiento de los civiles no ha aumentado?

- El juicio moral raramente es pertinente en política, sobre todo en política internacional. Querer distinguir buenos y malos en regiones donde, desgraciadamente, se enfrentan sobre todo unos degenerados es una locura o una mentira. En Medio Oriente, por ejemplo, los papeles están distribuidos entre mullahs iraníes, baatistas sanguinarios, yihadistas desquiciados, monarquías medievales… El pensamiento moral aparece perdido y desesperado. La diplomacia debe basarse en estrategias, intereses, relaciones de fuerza, y resistir la tentación de ponerle a uno de los personajes el traje de víctima para no agravar el caos.

Jean-Christophe Rufin

El bernard-henri-levismo fue un momento efímero de nuestra historia, un momento durante el cual hemos querido abstraernos patéticamente de las limitaciones de la realidad en beneficio de una visión ideal y moral.

13 de mayo de 2015

Las masacres del 13 de noviembre ilustran la Yihad de tercera generación

Gilles Kepel, politólogo

¿Cómo calificar las masacres del 13 de noviembre en París?

Ilustran la Yihad de la tercera generación. La precedente, la de Bin Laden, estaba dirigida desde arriba. Un jefe enviaba los boletos de avión y pagaba lecciones de vuelo. Después, ciertos ejecutantes perfectamente formados cumplían su misión. En el Stade de France, los kamikazes detonaron sus cinturones de explosivos afuera y solo se mataron a sí mismos. Nada que ver con el 11 de septiembre. Cuando observamos el accionar de los asesinos de Le Bataclan, o a Coulibaly en enero en el supermercado Hyper-Cacher, vemos que tienen comportamientos de adolescentes perversos que enloquecidos matan avatares con sus videojuegos. La solidaridad que existe entre ellos es muy débil.

¿Por qué?

Todo el mundo está unido en el dolor y la dignidad, incluso aquellos cuyo apoyo buscaban los asesinos. Me recuerda al período 1995-1997, cuando los padres de familia argelinos fueron los principales bastiones contra el joven terrorista del GIA,* Khaled Kelkal, y sus acólitos. Estos hombres que se habían sacrificado toda su vida se negaron a seguir a esos jóvenes imbéciles. La policía pudo liquidarlos.

¿Una masacre puede ser un fracaso a pesar de su amplitud?

El terrorismo tiene su propia economía política. Después del 11 de septiembre de 2001, los atentados de Londres, Madrid y Nairobi tuvieron menos eficacia, pues no desencadenaron la rebelión de las masas. El 13 de noviembre en París fue un paso de más. Estamos muy lejos de la guerra civil.

....

* Grupo Islámico Armado, organización armada cuyo objetivo aparente es derrocar al gobierno de Argelia para reemplazarlo por un Estado Islámico.

¿Cuál es la genealogía del yihadismo de la tercera generación?

La primera es la Yihad en Afganistán, entre 1979 y 1997. El Ejército Rojo invade Afganistán. Los Estados Unidos ayudan a crear un movimiento yihadista sunnita, financiado sobre todo por los saudíes y los emiratos del Golfo. Sus hombres son entrenados y armados por la CIA, que persigue dos objetivos: tender una trampa al oso soviético e infligirle un Vietnam en Afganistán; actuar de manera tal que Irán, que pretende ser el héroe del mundo musulmán revolucionario, sea combatido por los sunnitas saudíes. La gran victoria es la de los muyahidines sunnitas, que van a obligar a los soviéticos a retirarse de Afganistán el 15 de febrero de 1989.

Los yihadistas sunnitas salen victoriosos de esta extraordinaria victoria. A ellos les pertenece volver a actuar la saga del Profeta y de sus sucesores, que destruyeron al Imperio persa sasánido y luego Bizancio. Ellos acaban con Moscú y el comunismo. Pueden, entonces, volverse hacia la Bizancio contemporánea: los Estados Unidos. Primero intentan duplicar la Yihad afgana en Argelia y en Egipto. Pero fracasan. Las masacres del templo de Hatshepsut, en 1997, van contra los intereses de un país que vive del turismo. En Argelia, el GIA aparece como el enemigo y ha sido eliminado. Así desapareció la primera generación.

¿Cómo surgió la segunda generación yihadista?

La primera priorizaba la lucha contra el enemigo cercano. La siguiente priorizó la lucha contra el enemigo lejano, los Estados Unidos. Fue lo que Al-Qaeda llamó la *doble razzia bendita* del 11 de septiembre, en Nueva York y Washington. Un fracaso político, pues nadie se rebeló después. El terrorismo persigue dos fines: aterrorizar al adversario y galvanizar los apoyos.

¿A cuándo se remonta la tercera generación de la Yihad?

Esta nace alrededor del jordano Al-Zarqawi y del sirio Al-Souri a partir de 2005. Es un proceso dialéctico. La afirmación con la Yihad afgana, la negación con Bin Laden que hace lo contrario, luego la negación de la negación con Al-Zarqawi, jefe de la rama de Al-Qaeda en Irak. Contrariamente a las instrucciones de Bin Laden, que consisten en tomar como blanco a los estadounidenses y sus aliados,

Al-Zarqawi se pone de acuerdo con la base sunnita y sadamí para defender a los sunnitas contra la mayoría shi'ita. Por encima de la ideología islamista radical, en Irak, Daesh adquiere una base de apoyo muy fuerte entre las tribus sunnitas y los exagentes de inteligencia de Saddam Hussein, que eran laicos y tomaban alcohol. Para sobrevivir, se dejaron crecer la barba y ahora solo beben a escondidas…

¿Cuál es el papel de Al-Souri?

Un papel ideológico. En un libro que se publica on line en 2005, *Llamado a la resistencia islámica mundial*, un texto de 1 600 páginas, Al-Souri explica que Bin Laden se equivoca y que hay que adoptar una Yihad desde abajo. Una Yihad que permita movilizar a jóvenes que van a cometer atentados, ya no contra los Estados Unidos (es demasiado lejos, demasiado difícil), sino en el "flanco abierto", es decir, en los puntos vulnerables de Europa.

Pasamos de Lenin a Gilles Deleuze. Ya no es una organización piramidal, con jefes que ordenan y ejecutantes que actúan: es el rizoma deleuziano. Se van a apoyar en imbéciles locales diciéndoles que maten a gente de su entorno. Lo único que hay que hacer es sembrar el terror. Es una Yihad de proximidad, de cercanía. La visión es simplista. Surge una islamofobia masiva. Los musulmanes van a alinearse detrás de los más radicales: será la guerra civil. Luego el califato triunfará. Los terroristas quieren polarizar a la población. Quieren que la extrema derecha ataque las mezquitas, que los musulmanes de Francia sigan a los grupos más radicales y que nazcan guerras de enclaves y de guetos.

¿Cómo cobra forma esta nueva tendencia en Francia?

Esta Yihad madura entre 2005 y 2012. En la comuna de Artigat, situada en Arriège y compuesta por exmilitantes de extrema izquierda que pasan a la *shariah* y a la Yihad. Y también en las cárceles. Son los inicios de Daesh. En la cárcel de Fleury-Mérogis, yo mismo vi cómo Djamel Beghal, el suboficial francés más buscado de Al-Qaeda, estaba aislado justo arriba de las celdas de Chérif Kouachi y Amedy Coulibaly. Los tipos se hablaban por la ventana. Había varios yo-yos colgando entre los dos pisos. Este contacto fue el momento fundador de lo que, diez años más tarde, terminó concretando los atentados de enero de 2015 contra *Charlie Hebdo* y el

Hyper-Cacher. Después de ser liberado, Coulibaly será mostrado como ejemplo de reinserción social, mientras se entrena y toma lecciones de tiro. Será detenido nuevamente por haber tratado de hacer escapar al fabricante de bombas de Khaled Kelkal. Es liberado antes de cumplir el final de su pena. Las instituciones se deshacen en elogios sobre él: ¡hasta hizo un curso de socorrista! Le sacan su brazalete electrónico en mayo de 2014, porque es un tipo formidable. Puede dedicarse a los atentados de 2015.

25 de noviembre de 2015

Entrevista realizada por
Éric Fottorino y Clara Wright

Integristas, ¡los odio!

Leïla Slimani, escritora

Cuando era pequeña, en Marruecos aprendíamos el Corán en la escuela. Una parte de la tarde estaba dedicada a recitar, de memoria, pasajes del libro santo. Para ser totalmente sincera, olvidé casi todo. Solo me quedan algunas letanías, cuyo sentido ni siquiera conozco. Y no me importa. Pero lo que no he olvidado es ese día en que nuestra maestra nos contó la historia de la araña que, para proteger a Mahoma de sus enemigos, tejió una tela ante la gruta donde se había refugiado el Profeta. Yo tenía 8 años, padres humanistas y que amaban debatir. Me levanté y dije: "¡Pero es imposible! Una araña no puede hacer algo así en tan poco tiempo". La maestra avanzó hacia mí y me dio una bofetada. "¡Deberías tener vergüenza de insultar así a Dios y a tu Profeta!".

Cuando regresé a casa, les conté esta historia a mis padres. Estaba segura de ser consolada y quizás hasta vengada. Mis padres me castigaron. "Debes comprender que a veces hay que callarse. No provocar. Tienes derecho a pensar lo que quieras, pero guárdalo para ti. Con ellos no se discute". Mis padres amaban a Voltaire y el Siglo de las Luces; pero sin duda amaban más aún a sus hijos. Vivían con miedo. Vivían equivocados.

Después de la horrible matanza que vivió París, dudamos de hablar, de escribir. Entonces, si hay que usar palabras, estemos seguros de que no sean huecas. Porque también se muere de esto: de demasiada tibieza, de demasiada avenencia, de demasiado cinismo. Nuestro mundo, y en especial nuestros dirigentes, carecen de claridad, de coherencia, de intransigencia.

Cabe constatar que la *realpolitik* no nos protege. Nuestros enemigos se ríen de nuestros cálculos vanos y miserables. Quieren de todas formas nuestra aniquilación. Si vamos a morir por morir, bebiendo una copa en la vereda o escuchando música, al menos muramos defendiendo firmemente nuestras convicciones. No soy ni estratega ni ideóloga. No sé cómo se combate semejante amenaza. Pero estoy segura de que más que nunca hay que creer en nuestro modo de vida, en nuestra libertad, y luchar contra la ideología inmunda de estos asesinos. Se lo debemos a quienes, ayer, han sido asesinados.

Solo tengo una cosa que decir a los bárbaros, a los terroristas, a los integristas de toda calaña: los odio. Debemos mostrar entereza, debemos tener brío. Ser realmente franceses. Debemos decirlo a nuestros supuestos aliados sauditas, a los de Qatar y a todos los países musulmanes donde cada día ganan terreno los conservadores, los retrasados, los misóginos. Decirlo a los que compran nuestras armas, duermen en el confort de nuestros palacios y son recibidos en las escalinatas de nuestras instituciones. ¿Cómo explicar a nuestros hijos que estamos combatiendo a los bárbaros mientras nos aliamos con gente que crucifica a opositores y lapida a mujeres? ¿Cómo explicarles que nos matan por nuestros valores de libertad, de feminismo, de tolerancia, de amor a la vida humana, cuando nosotros mismos nos revelamos incapaces de defender estos valores?

Dejemos de escondernos detrás de un pseudo-rrespeto hacia las culturas; un relativismo repugnante que es solo la máscara de nuestra cobardía, de nuestro cinismo y de nuestra impotencia. Yo, que nací musulmana, marroquí y francesa, yo se lo digo: la *shariah* me da náuseas.

Nunca fui nacionalista ni religiosa. Siempre hui de los movimientos gregarios. Pero París es mi patria desde el día en que me mudé a ella. En ella me volví una mujer libre, en ella amé, en ella me embriagué, en ella conocí la alegría, en ella tuve acceso al arte, a la música, a la belleza. En París aprendí la pasión de vivir.

"Que una ciudad tal, que una capital tal, que un tal hogar de luz, que un tal centro del espíritu, del corazón y del alma, que un tal cerebro del pensamiento universal pueda ser violado, roto, tomado por asalto, ¿por quién?, ¿por una invasión salvaje? No es posible. No lo será. ¡Jamás, jamás, jamás! París triunfará, pero con una condición: y es que usted, que yo, que todos nosotros quienes estamos aquí, seamos una sola alma; que seamos un solo soldado y un solo ciudadano, un solo ciudadano para amar París, un solo soldado para defenderla", escribió Victor Hugo.

Hoy más que nunca pude medir la belleza de mi ciudad. Esta ciudad que no cambiaría por ninguno de los paraísos que los locos de Dios prometen.

Sus fuentes de leche y de miel no valen el Sena. París, para quien seré un soldado. París, que es todo lo que ustedes odian. Una mezcla sensual y deliciosa de lenguas, de pieles y de religiones. París, donde nos besamos apasionadamente en las bancas, donde podemos oír cómo en el fondo de un café una familia se desgarra por opiniones políticas y termina la velada brindando por el amor. Esta noche nuestros teatros, nuestros museos, nuestras bibliotecas están cerrados. Pero mañana abrirán de nuevo y somos nosotros, *enfants de la patrie*, incrédulos, infieles, adoradores de ídolos, bebedores de cerveza, libertinos, humanistas, nosotros los que vagamos: somos nosotros quienes escribiremos la historia.

14 de noviembre de 2015

El terrorismo apunta a la mente y a la voluntad

Gérard Chaliand, geoestratega

¿Qué es lo que diferencia a Daesh en la historia del terrorismo?

En primer lugar, es un movimiento que pretende ser estatal, un proto Estado. Sus dirigentes se han implantado en dos países, Irak y Siria, borrando una frontera. Ocupan un territorio bastante vasto, incluso si es muy desértico.

El Estado Islámico no es una organización terrorista clásica. Utiliza al mismo tiempo los medios de la guerra, los de la guerrilla y los del terrorismo. Moviliza tanto a hombres aptos para el choque frontal de la batalla como a yihadistas dispuestos al martirio.

En segundo lugar, se diferencia porque la Yihad nunca había atraído a tanta gente: hay entre 20 000 y 30 000 personas enroladas. El Estado Islámico sobresale en el manejo de las redes sociales para reclutar y paralizar al Otro de manera tal que siempre lo tengamos presente.

Por último, la teatralización del horror les ha dado excelentes resultados. Raymond Aron decía que básicamente puede ser calificada de *terrorista* una acción cuyo impacto psicológico supera claramente a los efectos físicos. El terrorismo apunta a la mente y a la voluntad. Ese es su objetivo. El rumor del próximo golpe debe ser parte del terror. Los asesinos de Daesh matan de manera espectacular. Se imponen a través de un sistema mediático, digno de Hollywood, que sirve para paliar su pobreza militar. Porque si fueran tan fuertes, ya estarían en Damas.

¿El enemigo principal de Daesh se sitúa en Siria, en Irak o en Occidente?

La preocupación principal de Daesh sigue siendo el área árabo-musulmana. Francia y, de manera general, Occidente siguen siendo secundarios, incluso si Daesh sueña con atacar en todas partes. Su rival principal es Jabhat al-Nosra, una emanación de Al-Qaeda.

Usted considera que Daesh será finalmente vencido. ¿Por qué razones?

Porque en el tablero de ajedrez sirio Daesh tiene una gran competencia: Jabhat al-Nosra. Este grupo está formado por sirios, contrariamente a Daesh. Sus miembros tienen la ventaja de estar implantados en ciudades y en zonas pobladas. Y actualmente la coyuntura los favorece: Turquía, Arabia Saudita y Qatar se han puesto de acuerdo para ayudarlos financieramente. Eso suma mucho. El futuro de Daesh no está para nada asegurado.

En cuanto a Irak, Daesh controla la zona sunnita. Va a ser más difícil sacarlo de allí. Sus hombres son sunnitas e iraquíes, como la población, pero ¿qué tienen para vender? Cuando toman el poder son bien vistos porque restablecen el orden. Pero luego se vuelven moralizadores y no ofrecen ninguna perspectiva de crecimiento. ¿Ha leído u oído en su programa la palabra *trabajo*?

¿Cómo analiza la situación francesa?

Francia tuvo éxito y a la vez fracasó en la integración. Fracasamos parcialmente porque al aparato de Estado le convenía que los marginados se las arreglaran solos con la droga. Una parte consi-

derable de la población de los suburbios vive de
tráficos paralelos que la policía dejó desarrollarse.

Hoy en Francia estamos ante un doble movimiento. Por un lado, los salafistas se aprovechan
de nuestro liberalismo para imponer el velo a sus
mujeres, casarse entre ellos y comprar únicamente
productos musulmanes. Trabajan sobre la separación
y el rechazo hacia los blancos. Es como una suerte
de *apartheid*. Por otro lado, ciertos jóvenes que han
abandonado toda institución escolar o formadora
se dejan tentar por la aventura yihadista. Se mueven entre el universo de la delincuencia y el del
terrorismo. Es el itinerario que siguen desde hace
veinte años: cárcel, religión, terrorismo…

El orden terminará ajustándose a la ley, pues
Francia es un Estado fuerte a pesar de las apariencias.
Podríamos responder en el terreno, neutralizar a
los miles de hombres de Daesh si aceptáramos la
idea de perder soldados. Pero ya no tenemos esa
voluntad. Es la ley del *riesgo cero*: ningún hombre
en el suelo. Al menos por ahora.

¿Se puede hablar de una renovación del terrorismo después de la Segunda Guerra Mundial, de un cambio de naturaleza?

El terrorismo, que era puntual, acotado, se convierte en un terrorismo ciego. En esta nueva fase, los medios de comunicación desempeñan un gran papel. Fue un líder palestino, jefe del Frente Popular de Liberación de Palestina (FPLP), Georges Habache, quien en 1968 desvió por primera vez un avión, un aparato de la compañía EL AL que efectuaba una conexión entre Roma y Tel Aviv. Este movimiento, que resultaba incapaz de organizar una guerrilla contra Israel como lo había proclamado, recurre entonces al terrorismo. Y proyecta de repente en el espacio mundial la cuestión palestina, que en ese entonces se percibía como una simple cuestión de refugiados. Es así como logra politizar su causa. Durante ese primer vuelo desviado no mata a nadie. Busca solamente la mayor repercusión posible. Luego pasará a una fase superior para llamar la atención: el terrorismo propiamente dicho.

¿Cuáles son los otros eslabones luego de esta señal?

El atentado del 11 de septiembre de 2001 representa el cenit del terrorismo clásico. Al-Qaeda sigue peleando sin armas químicas, sin armas biológicas, sin armas de destrucción masiva. Si el atentado afectó profundamente las conciencias, sigue siendo el hecho de una banda que tomó el control y el mando de dos aviones civiles usando *cutters*: lo mínimo de lo mínimo. Estaban decididos a sacrificarse. Desde su punto de vista, la operación fue perfectamente lograda.

¿Cómo fue cambiando la comunicación desde Al-Qaeda hasta Daesh?

Se pasó de la prédica al espectáculo. En 1991, durante la Guerra del Golfo, 95% de la comunicación pasaba por la emisora CNN. Sabemos que había imágenes falsas o censuradas. Al Jazeera llegó más tarde, tímidamente. Hoy Daesh produce imágenes notables. Esta organización tiene entre sus miembros a competentes ingenieros de sonido y programadores informáticos. Supo imponerse en el mercado de la comunicación. Lo que está en juego se sitúa en la opinión pública: no se puede hacer nada sin eso. ¡La propaganda de Daesh se emite en 13 idiomas!

No hay que subestimar la cosecha de lo que se siembra. Desde 1973, Arabia Saudita practica constantemente una reislamización que va desde el África negra hasta Indonesia. Han dado dinero para construir escuelas del Corán; han incitado a las mujeres a vestir la burka. Los efectos son considerables. Tienen su propia agenda. Como Turquía, que ayudó a Daesh para luchar contra Bashar al-Assad.

18 de noviembre de 2015

Entrevista realizada por
Laurent Greilsamer y Manon Paulic

El feudo del terror

Olivier Weber, escritor y gran reportero de guerra

Norte de Irak. Para llegar hasta la línea del frente anti Daesh hay que hacer un verdadero *gymkhana*. Puntos de revisión movedizos, búnkers, resistentes kurdos emboscados tras bolsas de arena. El cielo entre Kirkuk y Tikrit, en el norte de Irak, aún es claro, pero la tierra está manchada de sangre y de charcos de petróleo, el nervio de la guerra.

Surge una suerte de *no man's land* que se extiende a la derecha de la pista, caos interminable de casas devastadas, granjas dinamitadas, tractores calcinados, fábricas en coma permanente. El sector está plagado de minas y trampas, incluso en los electrodomésticos abandonados que nadie reclama. Un poco más lejos, los resistentes han encontrado píldoras, drogas, Captagon u otras anfetaminas usadas por los asesinos fundamentalistas para desinhibirse.

Más allá se extiende el feudo de Daesh, el reino del terror negro, el depósito de la radicalidad absoluta. Una barbarie polimorfa que lo convierte en toda su fuerza. Razzak, el combatiente kurdo que me acompaña, de camisa caqui y pantalón bombacho, no tiene parangón para narrar la estrategia de sus enemigos y su gusto por la tierra quemada. "Llegaron a la planicie y lo devastaron todo antes de irse, seguidos de cerca por nuestras fuerzas".

Razzak, que es un excelente tirador, sabe que detrás del montículo de tierra que bordeamos se esconden los *snipers* del Estado Islámico, como los chechenos, que ganan hasta 7 000 dólares por mes. A 30 kilómetros de Kirkuk, la gran ciudad petrolera del norte de Irak, los combates se recrudecen. "Somos los últimos baluartes –recalca Razzak–. Si se hunden en este parapeto, pueden llegar a arrasar en oleadas todo Irak". Kirkuk es la Jerusalén de los kurdos. Una ciudad que se extiende a lo largo de decenas de colinas de arena de las cuales surgen Derricks, atravesada por 3 000 kilómetros de oleoductos, tuberías diversas, conexiones entre pozos. Una Cafarnaún caótica de cemento y de nafta. Cuando Mosul cayó en manos de los esbirros de Daesh, el 10 de junio de 2014, prácticamente sin combate, los kurdos se arrojaron sobre Kirkuk y sus alrededores en una redada relámpago. Desde entonces la ciudad les pertenece, al igual que el petróleo que aflora del suelo. Y Daesh codicia estos yacimientos de oro negro.

Más al sur, a medida que el vehículo todoterreno bordea la línea del frente, Razzak se pone más nervioso y comienza a fumar un cigarrillo tras otro. "¡Dennos armas pesadas, cañones y misiles, y les limpiamos todo esto en seis meses, hasta llegar a Siria!", lanza señalando el feudo del Estado Islámico.

El coche se ha detenido cerca de un montículo de arena y tierra. En la cima, algunos miembros de la resistencia vigilan los movimientos de los fundamentalistas. Hay hombres y mujeres de varios países: iraquíes, sirios, turcos y también iraníes, todos unidos contra los soldados de Daesh. Tienen poco armamento: algunas kalachnikov, un par de lanzacohetes antitanque, unas ametralladoras 12.7. Cuando detonan ráfagas alrededor, las mujeres combatientes casi no se tapan. Son amazonas de valor y de pasión.

Enfrente comienza el territorio de Daesh. Un espacio grande como Gran Bretaña y poblado por ocho millones de habitantes. Desde 2014, la organización radical ha trastornado el orden de una parte del mundo. Fronteras transformadas; pseudocalifato autoproclamado al límite entre dos países: Irak y Siria; voluntad de llevar la Yihad a todo el mundo árabe-musulmán y a Europa, considerada como un vientre blando; un ejército dual, convencional de un lado y compuesto por terroristas del otro, organizados en redes y células independientes en el extranjero, basadas especialmente en el islam-gangsterismo. Pero sobre todo un enorme tesoro de guerra fundamental, que asciende a 2 000 millones de dólares –es decir, al menos diez veces por encima del presupuesto de los talibanes–. En la línea de fuego entre Kirkuk y Bagdad, Daesh alinea sus unidades de tiradores de élite y de carne de cañón, que pueden salir de la trinchera a la primera orden. Son iraquíes y sirios, pero también más de 5 000 combatientes extranjeros: chechenos, norafricanos, franceses, belgas, turcos. Todos partidarios de una sanguinaria Yihad sin fronteras y de la infiltración en Europa usando una nebulosa terrorista. De los 30 000 combatientes con los que contaría el Estado Islámico, 10 000 habrían perdido la vida en el transcurso de los 11 000 ataques aéreos de la coalición internacional lanzados desde 2014. Habrían sido rápidamente reemplazados. Por su parte, la rama francófona no deja de cobrar amplitud, especialmente por su capacidad para exportar proyectos de atentados y por sus sofisticados planes de comunicación. Un movimiento tanto más estructurado cuanto se ha reforzado con los exbaatistas: los miembros del partido Ba'ath de Saddam Hussein, que llevan todos nombres en clave, representan la mayoría de los cincuenta primeros dirigentes de Daesh.

Fue así como pudo surgir esta estructura única de movimiento armado, que cuenta con cuatro pilares. Primero, un Estado en devenir que el mundo occidental ha subestimado durante dos años. Segundo, la existencia de redes durmientes en la mayor parte de los países europeos, especialmente en Francia y en Bélgica. Tercero, el recurso de técnicas de comunicación y de propaganda ultramodernas, desterritorializadas, con ramificaciones en el mundo entero. Cuarto, una bóveda bien abastecida. Cuatro características jamás reunidas hasta hoy por un grupo político o religioso, y que no he visto en ninguna otra parte, en ninguno de los 15 movimientos armados con los que pude permanecer durante mis veinte años de reportero de guerra. Ni siquiera con Al-Qaeda, mentor inicial de los *daeshianos*, que siempre rechazó la idea de un territorio. El Estado Islámico ha adquirido así una "capacidad de proyección impresionante", como lo afirman los especialistas, y que hoy es capaz de atacar prácticamente en cualquier lugar del Medio Oriente o de Europa. Atareado en pensar de una manera racional este terrorismo, Occidente no supo definir la naturaleza del peligro. "Ni siquiera captamos las líneas básicas", reconoció, en diciembre de 2014, Michael Nagata, el jefe de las operaciones especiales, en una nota confidencial publicada por *The New York Times*.

En cambio, Rizgar Mustafa conoce bien a su enemigo y la línea de fuego. Durante varios años fue parte de los Peshmerga, las fuerzas kurdas que combatieron contra el ejército de Saddam Hussein. Héroe de la resistencia, gravemente herido –aún lleva tres metrallas de obús en la cabeza–, declinó cargos prestigiosos y prefirió crear una escuela franco-kurda en Solimania, al este de Kirkuk. Pero no dudaría en volver a tomar las armas si su ciudad estuviera amenazada. Para él, si Daesh es tan poderoso es porque los países occidentales y de la región cerraron los ojos ante el aumento de poder del grupo y sus ingresos. "Turquía, Arabia Saudita y Qatar financiaron el movimiento desde el principio", asegura mientras conduce por la pista que contornea las trincheras, al alcance de los islamistas de Al-Baghdadi, el jefe nominal del movimiento, y analiza la táctica de Daesh. Primero, ataques-suicida a bordo de un Humvee, esos semiblindados estadounidenses con forma de escarabajos tomados al ejército iraquí y reforzados con blindajes delanteros por los atacantes. Luego, en una segunda ola, un asalto masivo de fanáticos, muy bien encuadrados. "Nos cuesta resistir a este tipo de ataques", reconoce un comandante de la resistencia, que perdió 76 combatientes durante una contraofensiva. En su búnker, mal protegido, se oculta y engaña a los atacantes. Es cierto que dispone de valiosos informantes en los parajes, retribuidos o no. El último ataque de los islamistas fue espectacular. El 3 de noviembre, un comando logra penetrar las líneas, gana la pequeña ciudad de Dibis y consigue matar a cuatro policías antes de ser eliminado. Daesh quiere mostrar que ninguna muralla puede detenerlo. Y que sus hombres pueden llevar la guerra urbana hasta las grandes ciudades europeas.

Mientras el coche de Razzak prosigue su ruta a lo largo de la línea de fuego, Rizgar señala un conducto a la derecha. Un oleoducto que une un pozo petrolero con la refinería más cercana. El oro negro ya no pasa por ese tubo, pero del lado del enemigo el petróleo corre a raudales.

A lo lejos se distinguen las chispas de los pozos en llamas. Entre los campos iraquíes y sirios, el Estado Islámico puede contar con una producción de entre 50 000 y 80 000 barriles diarios, más o menos refinados. El petróleo luego se revende por entre 12 y 18 dólares el barril a tribus sunnitas del lugar, que los apoyan de facto. O a veces directamente a los turcos y a los jordanos. Se sabe que los contrabandistas se ríen de las fronteras, y todavía más en Medio Oriente. Algunos de ellos pueden ganar hasta 300 000 dólares por mes con el oro negro. El chantaje también representa un recurso de envergadura. Los dirigentes del movimiento fundamentalista, apoyados por los miembros de los antiguos servicios secretos de Saddam Hussein, buscan incesantemente personas para secuestrar –comerciantes, ingenieros, miembros de las grandes familias, jefes de tribus–. Así es como se ha constituido un verdadero tesoro (entre 600 y 800 millones de dólares por año) mediante el pago de rescates y la extorsión, desde Mosul hasta Al Raqa, desde Ramadi hasta Deir ez-Zor.

Es así como este enemigo imperceptible consigue desarrollar su estrategia del terror. Primero con la creación de un ejército y luego con el envío de comandos a Europa. El Viejo Mundo "de antiguos parapetos" de Rimbaud ya no tiene ninguna muralla para ellos. ¿Y el ejército? Se alimenta sobre todo de botines de guerra. Mosul no es la menor. Durante la caída de esta ciudad de 1 300 000 habitantes en 2014, defendida por 36 000 soldados iraquíes, los combatientes de Daesh se apoderaron de 1 000 vehículos blindados, de armamento pesado, de misiles por un valor total de 1 000 millones de dólares y de 500 millones de dólares en efectivo en los subsuelos del Banco de Irak. Nunca un grupo terrorista tuvo tantos blindados como ellos.

En el campo de los desplazados de Arbat, al este de Solimania, se esconden los simpatizantes o los cercanos a Daesh. Aplauden en cuanto el Estado Islámico se apodera de una ciudad, generando el pavor de los demás refugiados: entre ellos los yazidíes y los kurdos. Una increíble convivencia del pavor. Son precisamente estas víctimas del terror las que vinieron a curar el doctor Alain Serrie y su equipo de DSF (Dolores Sin Fronteras). "Aquí el dolor es por partida doble: físico y psicológico", lanza este profesor del Hospital Lariboisière, uno de los más reconocidos de París. Y la tarea es inmensa, dice. "En Oriente, el sufrimiento a menudo es tabú. Y lo es más todavía para las mujeres víctima de violaciones". Aventurero humanitario, Alain Serrie está en búsqueda de fondos para salvar su misión, única en el mundo. Una digna continuación de la saga de los *french doctors.*[*]

A 10, 20 o 30 kilómetros de allí, el resistente Rizgar Mustafa, gran amante de la poesía, sueña con aplicar la frase de Louis Aragon: "Contra las violencias torna la violencia". Pues la dualidad del Estado Islámico, del ejército clásico y los grupos terroristas podría conducirlo a su perdición por una huida hacia adelante. Pero, por ahora, Daesh marca el paso.

25 de noviembre de 2015

....

[*] En inglés en el original. Apodo con el que se conoce a los 15 médicos franceses que fundaron en 1971 la asociación humanitaria Médecins sans Frontières (MSF: Médicos sin Fronteras), como reacción concreta a la guerra de Biafra en 1968, una de las primeras en ser mediatizada por la televisión ante una opinión horrorizada.

Debemos temer nuestra candidez sobre el estado del mundo

Michel Foucher, geógrafo

¿Por qué Francia es un blanco para el Estado Islámico?

Desde septiembre de 2014, Francia participa, a título de la Operación Chammal, en la coalición occidental contra el Estado Islámico en Irak y Siria. En el Golfo Pérsico, el portaaviones *Charles-de-Gaulle* completa las fuerzas aéreas presentes en Jordania y en los Emiratos Árabes Unidos. Asimismo, Francia tiene consejeros militares en las fuerzas kurdas que avanzan para ocupar Al Raqa, la "capital" del Estado Islámico. El hecho de que la política exterior francesa apoye al bando sunnita contra el régimen de Damas no impresiona a los yihadistas del Estado Islámico. En los videos de propaganda, estos últimos insisten en "el fin de Sykes-Picot", es decir, de los acuerdos que en 1916 repartieron Oriente entre dos potencias mandatarias: Francia y el Reino Unido, pero que rápidamente fueron superados. El blanco, para ellos, es el apego de Francia (y de la mayoría de los otros estados) a la estabilidad de las fronteras de Oriente ante el proyecto de califato sin fronteras que esgrime Daesh. Por último, al reafirmar su laicidad y su fe en los valores universales, Francia constituye un obstáculo para promover esa otra visión del mundo que quieren los islamistas radicales.

Nos dicen que estamos en guerra.
¿De qué guerra se está hablando?
Desde 1989, la guerra es *lo* imposible para los europeos por una razón respetable, ya que la paz entre pueblos que se combatieron durante mucho tiempo es el cimiento de la construcción europea. La guerra cobra varias formas: la de las operaciones exteriores que buscan estabilizar a ciertos estados, como en los países africanos del Sahel. Pero también la del contraataque ante acciones terroristas de gran envergadura. Daesh se reserva la iniciativa de elegir el momento y el lugar. Como declaró el exjuez antiterrorista Marc Trévidic: "La verdadera guerra que el Estado Islámico quiere traer a nuestro

suelo aún no ha comenzado". Entramos en ella el 13 de noviembre de 2015. Se trata de una guerra asimétrica que traspone en el territorio francés las tácticas inéditas de los kamikazes. La amenaza ya no solo proviene de individuos aislados, sino de acciones coordinadas que están ligadas a individuos que ordenan ejecutarlas.

¿Cómo podemos contraatacar eficazmente?

Francia y otros estados europeos están enfrentando amenazas transnacionales: quienes dan las órdenes de atacar están en Medio Oriente, mientras que quienes ejecutan son ciudadanos europeos. A escala del territorio nacional, para los ciudadanos se vuelve incomprensible que, muy a menudo, los autores identificados de los atentados sean presentados como "conocidos por los servicios de inteligencia" y sean objeto de fichas de vigilancia de seguridad del Estado francés: las llamadas *fichas S*. El fichero de señalados para la prevención y la radicalización de carácter terrorista, conocido como FSPRT, tiene identificadas a más de 11 000 personas, de las cuales 1 500 se encuentran activas en las filiales de la Yihad en Oriente. Si ciertos procedimientos de detención preventiva fueran eficaces y conformes al derecho en una situación de urgencia, ¿por qué no se les pone en práctica? Se puede coordinar esta medida excepcional con los gobiernos de los países vecinos que sirven de base de la retaguardia, como Bélgica.

Otros países también son un blanco para Daesh, si le creemos al vocero de esta organización no estatal: el Reino Unido ("Big Ben") por las mismas razones que Francia, pero también Italia ("Roma") como sede del Papado.

¿Qué se puede temer en el futuro?

Debemos temer que continúen estos intentos de matanza, pues el futuro de Daesh en los territorios que actualmente controla sigue siendo incierto. Esa base territorial que constituía su fuerza –recursos, capacidad de enrolamiento, de entrenamiento y de adoctrinamiento– también es su debilidad táctica, pues las fuerzas kurdas al norte y las acciones de la coalición terminarán teniendo razón. Por lo tanto, Daesh se ha preparado para pasar de una lógica de territorio a una lógica de red internacionalizada y coordinada al servicio de una ideología islamista conquistadora. Asimismo, debemos temer nuestra falta de lucidez sobre las raíces de este fenómeno y nuestra candidez sobre el estado del mundo. Nuestro agudo sentimiento de culpabilidad nos lleva a analizar el mundo en términos económicos y sociales, y respecto de Oriente, haciendo referencia a un pasado colonial que, en realidad, fue sumamente breve. El descenso en la escala social y la falta de perspectivas no dan cuenta por sí mismos de este odio absoluto y de la determinación y sangre fría de los asesinos: estos se mueven por una ideología islamista radical que quiere destruir lo que somos en Europa e imponer otra visión del mundo. Esta oferta ideológica, apoyada por un corpus elaborado, seduce a jóvenes que han caído muy bajo, que son manipulables, y que constituyen la reserva de soldados del grupo que dirige al Estado Islámico. En este contexto, es preciso frenar la disminución continua de los presupuestos para defensa y seguridad en sentido amplio, iniciada desde la revolución democrática pacífica de 1989. Tenemos enemigos no por lo que hayamos hecho, sino porque somos designados como tales.

18 de noviembre de 2015

Entrevista realizada por Éric Fottorino

Un enfrentamiento apocalíptico

Jean-Pierre Filiu, historiador

Daesh, el muy mal llamado Estado Islámico, es en muchos aspectos un Al-Qaeda que habría funcionado: la organización de Abu Bakr al-Baghdadi no podría haber aprendido mejor de los errores y las fallas de la matriz de la Yihad global. Daesh se desarrolla como Al-Qaeda (literalmente, 'la base' en árabe) en una doble dimensión de *base* vertical (el arraigo físico en un territorio determinado) y de *base* de datos (la red transfronteriza de yihadistas globalizados). Pero, a diferencia de Al-Qaeda, Daesh pudo apoderarse de un territorio, de una superficie que hoy es comparable con la de Jordania y que se sitúa a ambos lados de la frontera sirio-iraquí, donde Al-Baghdadi es el único amo.

Osama Bin Laden y luego Ayman al-Zawahir, su sucesor a la cabeza de Al-Qaeda en 2011, siempre dependieron de sus protectores talibanes, tanto en Afganistán como en Pakistán. Además, esos confines afgano-pakistaníes eran enclaves y solo se podía llegar a ellos tras semanas de complejos periplos. En cambio, el "Yihadistán" sirio-iraquí solo queda a unas pocas horas de avión y apenas algo más de camino de la Europa occidental, con una facilidad de acceso que alienta el enrolamiento y la circulación. Daesh también se ha convertido en una organización próspera. Puede coordinar mucho mejor su red internacional de grupos afiliados (en Egipto, Libia o Yemen) y de células terroristas porque ejerce una autoridad total en este "Yihadistán" medioriental. Es indudable que la carga simbólica de ese territorio, sobre todo en su vertiente siria, constituye el principal atractivo de la propaganda yihadista. En efecto: el país de Sham (*Sham* designa a la vez a Damas y Siria), según ciertas tradiciones atribuidas al profeta Mahoma en los primeros tiempos del islam, debe ser el escenario de un enfrentamiento apocalíptico entre el ejército musulmán y el ejército de los Rum: no los romanos, sino los ortodoxos.

Se supone que este choque se produce en el norte de Siria, entre las localidades de Aámaq y Dabiq. Daesh ha dado el nombre de la primera a una de sus "agencias de prensa" y el de la segunda a su principal revista on line. Siempre según esta profecía, los cristianos conminarán a los musulmanes a que les entreguen a los *convertidos*, el equivalente contemporáneo de los *voluntarios* yihadistas que se unen a Daesh. El rechazo de los musulmanes provocará una batalla horrorosa en la que un tercio de ellos perecerá y otro tercio abandonará el combate. No obstante, el tercio que seguirá luchando obtendrá una victoria brillante, preludio del triunfo absoluto del islam y del Juicio Final.

A partir de entonces, poco importa que Al-Baghdadi crea o no ser el instrumento de semejante logro: estas profecías constituyen un formidable argumento para sus sargentos reclutadores. Los miles de *voluntarios* que llegan hasta el "Yihadistán", un flujo que la retórica de cruzada de la ofensiva rusa no hizo sino amplificar, ganan en él la convicción de pertenecer a la comunidad de los elegidos, galvanizados por la inminencia del conflicto último. Los aprendices de brujo del fin de los tiempos no pueden sino prosperar sobre las ruinas del país de Sham. Esperemos que no sea demasiado tarde para hacer mentir a los profetas de la desgracia.

25 de noviembre de 2015

Negro

Robert Solé, escritor y periodista

Si el color verde generalmente se asocia con el islam, los yihadistas han adoptado el negro, especialmente Daesh. No se trata de un homenaje al petróleo, como podríamos pensar, incluso si esta clase de oro les ha servido mucho y les sigue sirviendo. El asunto se remonta más lejos. El Estado Islámico de Irak y del Levante, que vive en el siglo VI, esgrime uno de los dos estandartes atribuidos al Profeta: no el blanco, destinado a negociar, sino el negro, para hacer la guerra.

Hay que reconocer que este color les queda muy bien a unos barbudos de mirada oscura que transforman a sus esposas en fantasmas. ¿Acaso ellos mismos no se confunden con las tinieblas? Sus filmes de propaganda los muestran encapuchados de negro, agitando fusiles que no son de chocolate, sobre un fondo de columnas humeantes. El arcoíris está ausente de este paisaje.

Claro que el rojo hubiera sido adecuado para una empresa de carnicería generalizada cuyas sucursales se multiplican a través del mundo. Pero ¿para qué? La sangre se seca rápido y vira al negro.

Guardemos, sin embargo, una luz de esperanza. Es la física la que nos la concede. Parece que el negro no es la oscuridad total. La percepción visual del ser humano no corresponde necesariamente a la realidad. Haría falta todo un libro para explicar esta historia de fotones y campos cromáticos. Entonces, aceptemos al menos la idea de que nadie está condenado a quedarse toda la vida en las tinieblas y que hasta el más furioso de los yihadistas puede, un día, advertir que el cielo es azul y que le han vendido espejitos de colores.

25 de noviembre de 2015

Dossier

Páginas realizadas por Manon Paulic
y Pierre Vince, periodistas.

Diez preguntas sobre Daesh

¿Qué es Daesh?

Daesh, acrónimo árabe de Estado Islámico en Irak y
Levante, es una organización terrorista de ideología
salafista que predica la Yihad armada. Fue creada
por Abu Bakr al-Baghdadi a partir de una facción
disidente de Al-Qaeda, el 29 de junio de 2014, fecha
concomitante con el restablecimiento del califato.
En 2015, el Estado Islámico (EI) aparece como la
organización yihadista más poderosa del mundo en
términos de efectivos y financiamiento.

¿Cómo nació Daesh?

Iniciado por el jordano Abu Musab al-Zarqawi
después de la invasión estadounidense de 2003, que

fue seguida por la llegada al poder de los shi'itas, el movimiento toma su fuerza de la frustración de los sunnitas de Irak, ampliamente marginados. Convertido en jefe de Al-Qaeda en Irak, este exempleado de un videoclub de pueblo logra reanimar la rivalidad histórica entre sunnitas y shi'itas. A menudo enfrentado con su superior, el jefe espiritual Osama bin Laden, Al-Zarqawi se libera progresivamente de la tutela de la gran red yihadista. Cuando muere en un ataque aéreo de los Estados Unidos en 2006, Al-Zarqawi ya ha consolidado las bases del futuro Estado Islámico, cuyo surgimiento será favorecido más tarde por el apoyo logístico y financiero de Turquía y de ciertas entidades privadas sauditas.

¿Cuáles son sus objetivos?
El objetivo prioritario de Daesh es el restablecimiento del califato abolido por Atatürk en 1924. A través de la Yihad armada, la organización busca instaurar un Estado regido por la ley islámica, denominada *shariah*, y gobernado por un único jefe político y religioso.

El 29 de junio de 2014, al destruir simbólicamente con excavadoras el muro de arena que separa a Siria de Irak, Daesh anunció que había alcanzado su objetivo. Desde entonces, el grupo terrorista busca extender su influencia lo más ampliamente posible y sumar a su causa a la mayor cantidad que se pueda de sunnitas.

¿Quién dirige Daesh y quiénes son sus miembros?

Se cuenta con poca información sobre Abu Bakr al-Baghdadi, califa autoproclamado de Daesh. Paranoico y deseoso de mantener un aura mística, solo se muestra en público o en videos en raras ocasiones. El órgano más importante de Daesh es el Consejo de la shariah. Está dividido en siete comités y reúne a religiosos salafistas de alto rango llamados *muftis*. Estos últimos, mayoritariamente iraquíes, aconsejan a Al-Baghdadi, validan sus discursos, controlan a los medios masivos de comunicación del grupo, forman a los reclutas recientes, definen las sanciones y los modos de ejecución de los rehenes. Asimismo, el jefe de Daesh, que debe su formación a exoficiales de Saddam Hussein, a los que conoció en la cárcel, también se ha rodeado de entre ocho y 13 oficiales iraquíes; estos forman el Comité Militar del EI. La organización contaría con entre 20 000 y 30 000 combatientes en sus filas, reclutados en 110 países diferentes.

¿Dónde está implantado Daesh?

A caballo entre Siria e Irak, en el llamado *triángulo sunnita*, el territorio controlado por los yihadistas de Daesh se extiende de Palmira a Mosul, cuyo acceso directo fue bloqueado el 13 de noviembre de 2015 luego de que los kurdos volvieran a tomar Sinjar. Daesh también está implantado entre Al Raqa y Fallujah. Además de Sinjar, también ha perdido las ciudades de Tikrit y Kobané, pero se ha extendido hasta los confines sirio-turcos. La ciudad siria de Al Raqa actualmente es la "capital" política, mientras que Mosul concentra la actividad económica del grupo terrorista. Desde la proclamación del califato, la influencia de Daesh sigue avanzando y cambiando. Hoy se extiende a lo largo de casi 300 000 km², el equivalente a la superficie de Italia.

¿A quién combate Daesh?

Sobre el terreno, el Estado Islámico enfrenta a varios enemigos. En Siria, se opone por una parte al ejército regular del presidente Bashar al-Assad y por la otra al ejército sirio libre. En Irak, sus ataques apuntan especialmente al régimen shi'ita de Fuad Masum, mientras que en el norte de la región busca desestabilizar a las fuerzas kurdas. La organización también ataca fuera de sus fronteras, sobre todo a los países que se han unido a la coalición internacional encabezada por los Estados Unidos.

El Estado Islámico
Entre el Tigris y el Éufrates

■ Zonas controladas por el Estado Islámico (Daesh)

▨ Regiones que sostienen al Daesh
(superficies tribales sunníes)

Fuente: Instituto para el estudio de la guerra
(Ejército estadounidense), noviembre de 2015

¿Cuáles son sus modos de acción?

La estrategia de Daesh se basa al mismo tiempo en la propagación del terror y en la instauración de un Estado organizado. Para insuflar el miedo a través del mundo, el Estado Islámico usa todas las posibilidades de las redes sociales, apelando principalmente al correo electrónico ruso Telegram. Estas plataformas le sirven para comunicarse entre ellos y difundir mensajes, imágenes y videos de horror filmados según los métodos del cine hollywoodense. La organización también se apoya ampliamente en los sistemas de difusión y en las redes de los medios occidentales, que están siempre al acecho del más mínimo atentado perpetrado por el grupo. Desde sus inicios, el EI también juega con las divisiones existentes en el seno de las sociedades, un método que les ha permitido relanzar la guerra entre sunnitas y shi'itas de Irak: desde entonces intentan aplicarla en Francia para enfrentar a los musulmanes con los no-musulmanes. En los pueblos ocupados, Daesh se inspira en la táctica del Hezbollah, una milicia shi'ita con base en El Líbano. Al atender a sus necesidades básicas, Daesh busca atraer el apoyo de los habitantes. Así, se puede ver cómo grupos yihadistas restablecen el suministro de electricidad, agua y teléfono, limpian las calles, abren hospitales y hasta imparten la educación islámica entre los más jóvenes. Por otra parte, la población local está sometida a una aplicación estricta de la *shariah*, que implica la aplicación de castigos como la flagelación y la amputación de las manos.

¿Cómo se financia Daesh?

Para mantener su colosal presupuesto, que oscilaría entre 1.2 y 3 mil millones de dólares anuales, el EI cuenta con numerosas fuentes de financiamiento, comenzando por las riquezas naturales de la región. Una decena de yacimientos petrolíferos ya fue tomada en el este de Siria y el norte de Irak. Una vez refinado, el petróleo es malvendido en el mercado negro a contrabandistas turcos. Al norte del país de Sham, una gran llanura agrícola que está bajo su control, produce algodón y cereales, que les garantizan ingresos extra. Otra fuente de financiamiento son los impuestos locales que Daesh obliga a pagar a los habitantes de los pueblos ocupados, en especial a los funcionarios que siguen siendo comprados por las autoridades de Damas y de Bagdad. La organización también vive del chantaje, la extorsión, la estafa y el crimen organizado, de rescates a cambio de rehenes, de tráfico de mujeres esclavas (a menudo yazidíes) y de pillajes, así como del contrabando de objetos antiguos robados en sitios arqueológicos y luego exportados a través de Turquía. Por último, el Estado Islámico cuenta con reservas en efectivo del banco central de Mosul, del cual se apoderó cuando tomó la ciudad y su arsenal militar en junio de 2014. El botín ascendía entonces a 500 millones de dinares iraquíes, el equivalente a unos 450 millones de dólares.

¿Quiénes son sus aliados?

Daesh puede contar con el apoyo de otros grupos yihadistas, como Boko Haram en Nigeria o Ansar Bait al-Maqdis en Egipto. Distintas organizaciones terroristas le han jurado fidelidad, especialmente en Afganistán, Pakistán y Libia. También existen células que reivindican a la organización en Arabia Saudita, Yemen y Turquía.

¿Quién combate al Estado Islámico?

Desde septiembre de 2014, una coalición internacional concentra sus fuerzas para tratar de vencer al grupo yihadista. Lanzada a iniciativa de los Estados Unidos, cuenta entre sus miembros a los Emiratos

Árabes Unidos, Bahrein, Arabia Saudita, Qatar y Turquía, cuya posición nunca ha sido clara. Ciertos financiamientos dudosos en beneficio de Daesh provendrían de los países del Golfo. En cuanto a Turquía, siempre ha mantenido permeables sus fronteras, facilitando así el tráfico de armas, hombres y estupefacientes, al igual que el paso de voluntarios europeos para la Yihad. El enemigo principal del EI sigue siendo Irán, la gran potencia shi'ita que apoya a Bagdad y a Damas poniendo a su disposición a sus *pasdarans* o Cuerpo de Guardianes de la Revolución Islámica. Apoyado por la Rusia de Vladimir Putin, Irán es el sostén clave de Bashar al-Assad.

Algunas cifras clave

Entre 20 000 y 30 000 combatientes

Gracias a una propaganda muy eficaz, Daesh atrae a miles de jóvenes extranjeros originarios de 110 países diferentes. Los principales contingentes provienen de Túnez (50 000), Arabia Saudita (2 275), Jordania (2 000), Rusia (1 700) y Francia (1 550).

Un presupuesto de 1 200 a 3 000 millones de dólares

Sus recursos provienen principalmente del petróleo (500 millones de dólares), de los impuestos que cobra en su territorio (300 millones), de la agricultura (200 millones), del tráfico de antigüedades (100 millones) y de secuestros extorsivos (40 millones). Durante la toma de Mosul en junio de 2014, el EI se apoderó de las reservas del Banco Central iraquí, que ascendían a 450 millones de dólares. Ciertas organizaciones privadas de Arabia Saudita, Qatar y Turquía también participarían en el financiamiento del EI.

Un territorio de 300 000 km²

En junio de 2015, Daesh controlaba un espacio de una superficie comparable a la de Italia, que cuenta con casi 10 millones de habitantes. Gran parte de este territorio es desértico.

1 200 personas muertas

Fuera del territorio que controla en Irak y en Siria, el EI ha coordinado o inspirado más de 90 ataques asesinos repartidos en 21 países entre septiembre de 2014 y julio de 2016. Estos ataques provocaron la muerte de 1 200 personas y causaron miles de heridos.

Cronología

2003
- **Marzo:** Una coalición internacional dirigida por los Estados Unidos invade Irak. El presidente Saddam Hussein es derrocado.

2006
- **Junio:** Muerte de Abu Musab al-Zarqawi (jefe de Al-Qaeda en Irak, que da origen a Daesh), como consecuencia de ataques aéreos.
- **Octubre:** Proclamación del Estado Islámico de Irak (EII) por el consejo consultivo de los muyahidines en Irak. Esta nueva entidad reúne a la célula local de Al-Qaeda con otros cinco grupos yihadistas.

2010
- **Mayo:** El yihadista iraquí Abu Bakr al-Baghdadi decide encabezar el EII.

2013

• **Marzo:** Primera gran conquista del EII en Al
Raqa. La ciudad se convierte en su "capital"
política.

• **Abril:** El EII toma distancia de Al-Qaeda. Se
convierte en el Estado Islámico en Irak y el
Levante (EIIL) y anuncia su fusión con el grupo
yihadista sirio Jabhat al-Nosra. Este último
lo rechaza, prefiriendo unirse a Al-Qaeda.
Inicio de las relaciones conflictivas entre los
dos grupos.

2014

• **Enero:** Toma de Fallujah, ciudad sunnita
situada a 70 kilómetros al oeste de Bagdad.

• **Junio:** Toma de Mosul (2 millones de habitantes), de su arsenal militar y de las reservas del
banco central. Al-Baghdadi se autoproclama
"califa" de un Estado virtual entre Irak y Siria.
El EII se convierte en el "Estado Islámico" (EI)
y abandona todo límite geográfico.

• Primera gran conquista del EII en ocasión
de la toma de Al Raqa en manos de distintos
grupos yihadistas, entre los cuales se encuentra
Jabhat Al-Nosra. La ciudad se convierte en la
"capital" política del EI.

- **Julio:** Primera aparición filmada del "califa" en la Gran Mezquita de Mosul, y publicación en línea de la revista oficial del EI, *Dabiq*.
- **8 de agosto:** Primeros ataques aéreos de los Estados Unidos, efectuados a pedido de Irak para evitar un "genocidio" de las minorías amenazadas por el EI. Se excluye el envío de tropas de infantería.
- **19 de agosto:** El EI decapita a su primer rehén, el periodista estadounidense James Foley. El video de la ejecución es ampliamente difundido en las redes sociales.
- **Septiembre:** Formación de una coalición internacional de sesenta países contra el EI, seguida por los primeros ataques aéreos en Siria.

2015

- **Enero.** Los kurdos recuperan el control de la ciudad de Kobané, en la frontera sirio-turca. Primera gran derrota del EI. En Francia, el yihadista Amedy Coulibaly mata a una mujer policía y a cuatro clientes de un supermercado judío. Su mujer, Hayat Boumeddiene, confirma la lealtad total de su marido al EI.

- **Marzo:** El grupo terrorista nigeriano Boko Haram jura fidelidad al EI.
- **Abril:** Segunda derrota del EI en Tikrit, la ciudad natal de Saddam Hussein, contra las autoridades iraquíes, las milicias shi'ies y los *pasdarans* iraníes.
- **Mayo:** El EI se apodera del sitio arqueológico de Palmira, intersección estratégica para llegar hasta Damas, al que vandaliza y destruye.
- **Junio:** El EI es vencido nuevamente por los kurdos en Tal Abyad, su punto de aprovisionamiento en la frontera turca.
- **26 de junio:** El EI reivindica un triple ataque fuera de su territorio: un hombre decapitado en Isère (Francia), 38 turistas asesinados por un atacante armado en un complejo hotelero en Susa (Túnez) y al menos 27 muertos en la explosión de una mezquita shi'ita de la ciudad de Kuwait (capital de Kuwait).
- **12 de noviembre:** Un doble atentado suicida en un barrio shi'ita de Beirut deja un saldo de 44 muertos.
- **13 de noviembre:** Una serie de atentados suicidas cuyos objetivos son la ciudad de Saint-

Denis y los barrios x y xı de París dejan un saldo de al menos 130 muertos. El blanco son varios restaurantes, un teatro y sala de conciertos (Le Bataclan) y el Stade de France, donde el presidente francés François Hollande asistía a un partido de futbol amistoso entre los equipos de Francia y Alemania.

Ataques por parte del Estado Islámico en diferentes partes del mundo

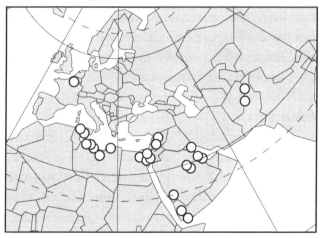

○ Ataques dirigidos o vinculados a Daesh
Fuente: *New York Times International*, 15 de noviembre de 2015

Glosario

Califato
Institución propia del islam, nacida luego de la muerte del profeta Mahoma para garantizar su sucesión en el ejercicio del poder. El califa, 'sucesor' en árabe, se convierte en el jefe de la comunidad musulmana. Los sunnitas lo eligen en función de su pertenencia a la tribu de Mahoma y de los servicios prestados a la causa del islam. Es designado por los miembros más representativos de la comunidad. Para los shi'itas, el califa debe ser un descendiente de la familia del Profeta, en linaje directo de su única heredera, su hija Fátima.

Islamismo
Originariamente es el término que designa al islam como religión y civilización. En el transcurso del siglo xx, el islamismo adquiere un sentido casi exclusivamente político, y hoy tiende a calificar al islam fundamentalista, tradicionalista y proselitista, adepto de la violencia. Los islamistas exigen la aplicación estricta de las prescripciones de la *shariah*, pues consideran que muchas de ellas han sido abandonadas, especialmente por la influencia de los países occidentales.

Salafismo

Movimiento islámico surgido en el siglo XIX como respuesta a la expansión de la influencia europea en el mundo árabe. En ocasiones considerado como sectario, el salafismo defiende un islam de los orígenes (en árabe, *salaf* significa 'ancestro') y una aplicación estricta de la *shariah*. El salafismo ha influido especialmente en los Hermanos Musulmanes, surgidos en Egipto en 1928, y en los primeros miembros de la red Al-Qaeda, entre otros grupos.

Shariah

La *shariah* designa a la 'ley divina'. Está formada por el Corán, revelación que restituye la palabra profética, y la sunna (en árabe 'camino a recorrer, práctica'), corpus de textos que trazan la vida del Profeta. La sunna es interpretada por los cadis (jueces musulmanes), los imanes (guías espirituales) y los ulemas (sabios, doctores de la ley islámica, teólogos).

Shi'ismo

Véase *Sunnismo*.

Sunnismo

El sunnismo es una de las dos ramas principales del islam y representa aproximadamente el 85% de los fieles del mundo. El gran cisma entre sunnitas y shi'itas tuvo lugar en el año 632, con la muerte del profeta Mahoma, cuando los fieles se ponen en desacuerdo sobre la designación de un *califa* (sucesor). Alí, el yerno del Profeta, reivindicó la sucesión, haciendo referencia a los deseos de Mahoma. Quienes lo apoyaban fueron denominados *shi'itas*. Los sunnitas, que prevalecieron, afirmaron que eran los representantes de la comunidad musulmana quienes debían designar al sucesor.

Yihad

La Yihad remite al despliegue de un esfuerzo individual (Yihad mayor: lucha contra las pasiones del alma, altruismo, elevación individual), así como al hecho de alistarse en la guerra para promover el islam contra los infieles (Yihad menor). Esta distinción se atribuye a un *hadith* (acto y palabra) del Profeta. La teoría de la Yihad como cruzada religiosa contra los infieles aparece apenas en el siglo IX.

Para saber más

***La maladie de l'islam*, Abdelwahab Meddeb, París, Le Seuil, 2002.**
El fundamentalismo constituye la enfermedad del islam, según el ensayista recientemente fallecido. Un integrismo que se alimenta de los contrasentidos asesinos de los semianalfabetos musulmanes que invaden el espacio público de los fieles.

[Edición en español: *La enfermedad del islam*, Galaxia Gutenberg, 2003].

***Le perdant radical*, Hans Magnus Enzensberger, París, Gallimard, 2006.**
En esta reflexión sobre el terrorismo a mitad de camino entre el libro de historia y el panfleto, el pensador alemán establece un perfil psicológico de los candidatos al terrorismo.
[Edición en español: *El perdedor radical. Ensayo sobre los hombres del terror*, Anagrama, 2007]

Le piège Daech **[La trampa Daesh], Jean-Pierre Luizard, París, La Découverte, 2015.**
El historiador, gran especialista de la región ocupada por Daesh, explica la realidad candente a la luz de la Historia y analiza las razones del ascenso del grupo terrorista a escala local y mundial.

Daech, naissance d'un État terroriste **[Daesh, nacimiento de un Estado terrorista], Jérôme Fritel y Stéphan Villeneuve, documental, 2015.**
Luego de un mes de trabajo en Irak, estos periodistas de investigación elaboran el terrorífico retrato de Daesh. Filmado como una *road movie*, este documental nos lleva hasta las fronteras del territorio del Estado autoproclamado, desfiguradas por la guerra.

Índice

Índice